幼稚園の小さきひとびと

保育随想 1

発刊にあたって

「佳子ちゃん大丈夫？　だって園長先生ってお母さんたちに話をすることあるんでしょ？」

三二歳で園長という立場。人前で話すことが不得手なわたしの子ども時代を知っている従姉妹たち、そして小学校の同級生たちの開口一番の言葉でした。

しかし、保護者会で話す時など、自分の中に子どもたちのことについて、どうしてもこれだけは話したいということがあれば口べたでも人は聞いてくれる、ということがわかると、わたしも話すことに少し自信を持ちはじめたように思います。お母さんたちが未熟者の私に対して気を遣ってよく聞いてくださっていたということもあったでしょう。するとわたしのほうも次の会の話題を見つけようとしたのでしょうか、こんなこともあんなこともあった、あれもこれも伝えたい、という気持ちが湧いてきました。そして、子どもたちのことをよく見つめるようになったことも事実です。

その到達点として、年に四〜五回の保護者会では足りなくて、子どもたちの記録とそれについての私の考えなどまとめて「中瀬だより」として書きはじめたのでした。自分がいま考えていることを一つの文章にまとめておくと、私はスッキリとして次のテーマへと移れたように思います。三日坊主のわたしが四〇年近く、本当に長いこと書いてこられたのは、こうした背景があってのことでした。

この仕事をする中で、多くの人生の先輩に心に残る言葉をいただきました。そのひと言が私の中で熟成され、いまでも心の奥底にしっかりと沈んで、折にふれそれぞれの言葉がよみがえり、私を励ましてくれているようにも思います。いくつか書きとめて次の世代へ送らせていただきたいと思います。

「天に向かってものを言え、聴衆に向かってものを言うな」……。これは長坂光彦先生の言葉で、真意は、目の前の聴衆が今聞いてくれなくても、自分の信じることを言え、ということだったのだと思います。

「おもしろがるには能力がいる」……。この言葉も長坂先生からいただいたもので、ものごとに興味をもっておもしろく思う力は、天性のものもあるかもしれないが、努力が必要、ということだったのでしょう。

「自分の目でものを見よ。ピカソの絵だからいいという概念を外して見よ」……。長坂先生の、本物を見極めよ、という意味もあったと思います。

「感動しないのは努力が足りない」……。これは大学時代の恩師、本間久雄先生の言葉です。その日一日、ハッとするような子どものエピソードが見つけられなかったのは、わたしの見方が甘いからだと、園長になりたての頃はいつもこの言葉を胸に、そして励みにしていました。学生時代、まだ二十歳そこそこの頼りないわたしたちへのいましめの言葉だったのでしょう。いただいた数々の言葉、まだまだ程遠い境地ですが、苦しいときなど、その言葉に励まされ、支えられ、仕事をさせていただいてきたのかもしれません。

そういえば、「今日、出来上がったのよ」と『園だより』を家へ持ち帰ると、母が「どれどれ」と老眼鏡をかけて、きちんと正座して読んでくれた姿を思い出します。「そうよねー」「なかなかおもしろいじゃない!」「あたしも子どもの時こういうことしたわよ」などなど、こうした母の反応も楽しみでした。いま思えば、母がリアルタイムの一番長い読者だったわけです。母は『園だより』をきっかけに、晩年はよく子どもの頃の話をしていました。
わたしがまだ若かった頃のことも思い出されます。

皆が帰った職員室で一人仕事をした冬の夜など、オリオン座の雄大さにしばし見とれて帰ると、二人の子どもたちは母に寝かしつけてもらって気持ちよさそうに深い眠りに入っていたこと。夜中を過ぎていたこともありました。まだまだ体力のあった頃のなつかしい記憶です。あの頃のオリオン座はもっとハッキリとしていて、オリオンの右肩の先に位置するスバルは羽子板のかたちをして見えていましたから、今よりずっと空気がきれいだったのでしょう。

さて、昨今の社会を眺めてみますと、経済の発展が優先され、次の世代を担う子どもたちを〝どう育てていくか〟ということがないがしろにされているようにみえます。こうした現状を、わたしは危惧しています。

経済の発展のもとに、効率を求めるあまり、子どもたちが自然から遠ざけられ、本来の〝育ち〟が疎外されていることを心配しています。社会が変化しても、乳児であっても幼児であっても、その成長のプロセスは、変わるものではありません。

子どもたちがそれぞれの年代を、確実に生きていくことを保障するため、私たち大人は、環境やその保育活動にどう配慮したらよいか考えなければなりません。

近い将来、地球規模で今の私たちが想像もできないことが起こるでしょう。地球温暖化の原因である二酸化炭素の排出がこのまま続けば、この五〇年のあいだに私たちは想像を超す気候変動と空前の生態系の破壊を見ることになると予測されています。すでにその兆候は異常気象や海面水位の上昇、海の酸性化、食糧問題、難民流出問題として現れてきています。

このような世の中に出ていき、グローバルに生きていかねばならない子どもたちのことを思うとき、こうした課題をみんなで真剣に考えねばならない時がきています。そして、こうした地球的課題に対応することのできる、問題解決をはかることのできる人材を育て、世に送り出す使命が私たち保育者にはあるように思います。

それとともに、子どもたちは、何を感じ、何を考え、何を求めているか……。それを見つけながら、子どもとは何か？　そして子ども時代は長い一生の中でどういう〝意味〟があるのか、このことを問い続けていくことが必要ではないかと思います。

わたしにとって、子どもたちを見つめ理解しようとすることは、どこから手をつけてよいかわからないほど、大きな未知なる世界の謎解きでもありました。そしてこれからもこの謎解きは尽きることなく続いていくことになるでしょう。

最後になりましたが、このたび本シリーズ、保育随想の刊行にあたって、長らく国連で活躍されてこられた元国連児童基金（ユニセフ）の事務局次長・丹羽敏之先生に推薦の言葉をいただきました。紙上をお借りして厚く御礼申し上げます。

井口佳子

はじめに

「重たーい」

年少組のHくんが差し出したバケツの中の石はいっぱいになっていました。それまで、石をひろい集めては、〝こぶし大〟の石が一つ入ったバケツを見せてくれたり、三～四個入ったバケツを見せてくれましたが、その時は無言でした。バケツの中に少しずつ石を入れていき、やがて自分のしたことが〝重い〟という結果を招いたわけです。

石をひとつひとつバケツの中に入れるたび、自分の手にズッシリとくる手ごたえを感じていったのでしょう。

「石がたくさんになるとバケツが重くなる」

という事実はHくんにとって〝新しい発見〟だったのかもしれません。それが「重たーい」ということばになったのでしょう。

こうするとこうなる……。Ｈくんは、自分で獲得した感覚をことばで確認したのではないかと思います。本当にわかったところで出たことばだと考えると、この〝ひとこと〟の重みを感じます。

それから二〜三日して、Ｈくんが描いた絵をお母さんが見せてくれました。そこには、紙いっぱいに大きな石がひとつ描かれていました。自分が拾っていた石よりもずっと大きく、灰色に塗られていました。その塗り方は少し雑でしたが、勢いがあり、たんに石に色をつけているのではなく、手の中に〝実感〟した大きさ、重さを塗っているのではないかと、わたしには思えました。そして、この石の下にたくさん描かれた短い線は、

「地面が石をひっぱっている線なんです」

とお母さんが教えてくれました。自分の力では持ち上げられなかった石の〝重さ〟をこう表現したのかもしれません。この表現の仕方は重力、引力の問題へとつながるんじゃないか……、と勝手に想像をめぐらせてしまいました。

「Ｈくんの心の中はどうなっているのかなー」

たんにキカイ的にことばや文字を教えたり、絵の描き方を教えることは意味のない

ことなんじゃないか、あれやこれや急《せ》かせて表面的に教え込んだりしたことは必要なくなったら忘れてしまうんじゃないかと思います。

子どもたちがその心の中を密度濃く豊かにしていくには、じっくりと過ごせる時間と環境が必要です。Hくん親子が改めてそのことに気づかせてくれました。

描画とは、紙の上で子どもたちが過ごした時間の〝軌跡〟であり、ことばとは、実感とともに獲得していくもの、そう思います。

著者

幼稚園の小さきひとびと　目次

本文イラスト　井口佳子

幼稚園の小さきひとびと

中瀬幼稚園地図

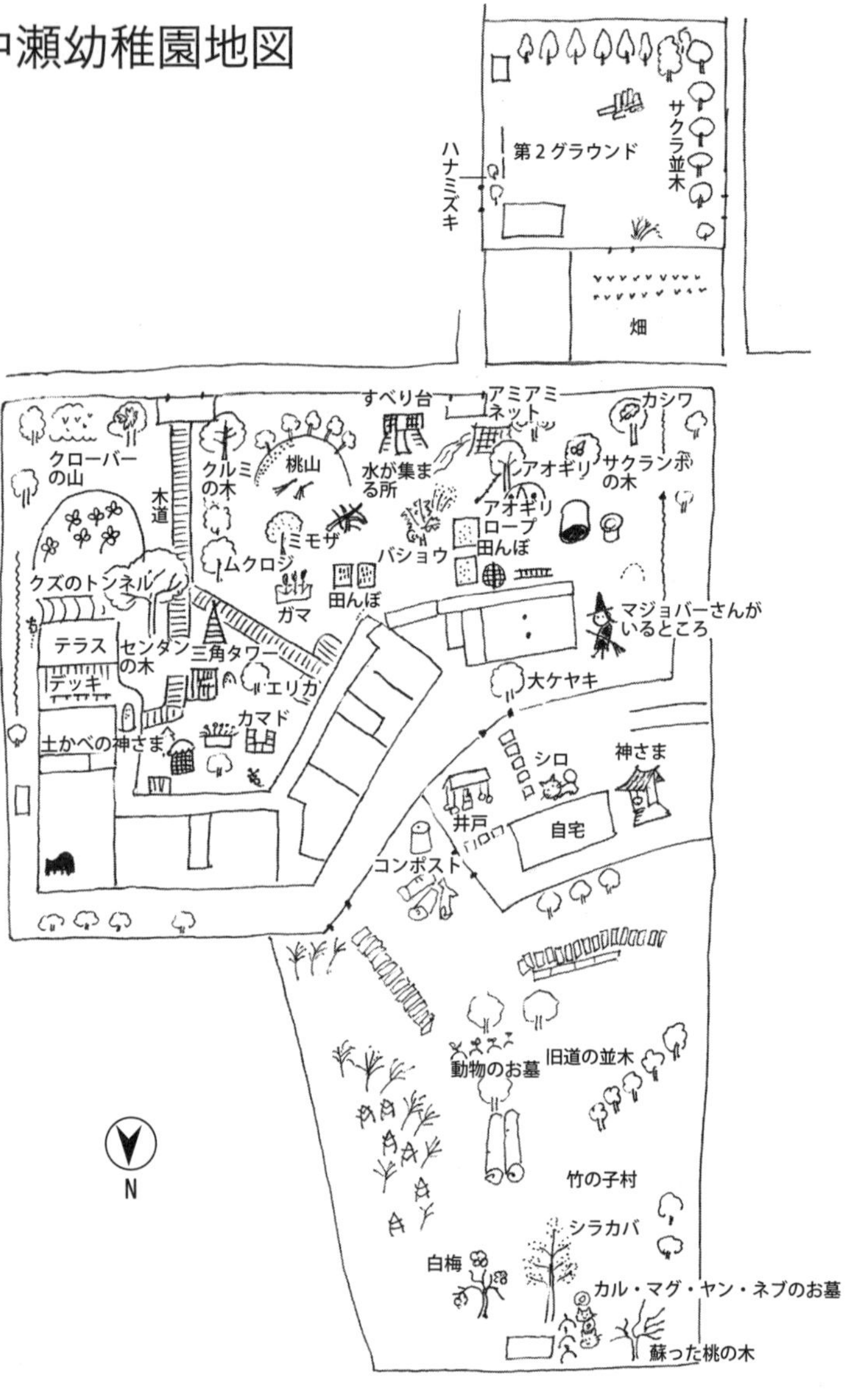

第２グラウンド
サクラ並木
ハナミズキ
畑
すべり台
アミアミネット
カシワ
クローバーの山
クルミの木
桃山
水が集まる所
アオギリ
サクランボの木
木道
アオギリロープ
田んぼ
ミモザ
バショウ
ムクロジ
クズのトンネル
田んぼ
ガマ
マジョバーさんがいるところ
テラス
センダンの木
三角タワー
エリカ
デッキ
大ケヤキ
カマド
土かべの神さま
シロ
神さま
井戸
自宅
コンポスト
旧道の並木
動物のお墓
竹の子村
N
シラカバ
白梅
カル・マグ・ヤン・ネブのお墓
蘇った桃の木

目が三つ、歯が二本

「子どもの絵っておもしろいですね。改めて見直しました。もっと小さいころの絵も捨てずにとっておけばよかったですね」

「うちの娘がこんな絵を描いたんですよ。花咲じいさんのお話を描いたのですが、幼稚園でお餅つきをしたからなのでしょうか？　杵《きね》は描いてあるのですが、臼《うす》は電気餅つき機になっているんです。これでないとごはんが煮えないからだそうなんです」

未発達なその年齢の時でなければ描けないもの、またその時代でなければとても思いつかないような素朴な、また鋭いことば……。そんなものに思いがけず出会えることも育児の楽しみだと思います。

「先生、くつを入れるのにどうして〝げたばこ〟っていうの？」……。

下駄の時代から靴の時代になっても〝下駄箱〟という言葉は残っているのでしょう。なぞなぞでよく、「目が三つ、歯が二本、なーんだ」と言った覚えがあります。いまでは何人の子がわかるでしょう（正解は〝下駄〟）。

そういえば、先日のことですが、小学二年生の社会科のテスト用紙が気になりました。田んぼで苗を育て、秋に刈入れをするまでの順番の問題なのですが、写真を見ると、しろかき、田植え、稲刈りはすべて機械でやっているし、草取りの代わりなのでしょうか、農薬をまいている写真もありました。時代の流れというものを感じてしまいました。

わたしなど「お餅つき」というと、やはり〝ペッタン、ペッタン〟という景気のよい音とともに、杵《きね》と臼《うす》が浮かんできますし、田植えというと菅笠《すげがさ》をかぶったカスリ（絣）の着物の人が、手で一本一本苗を植えている光景が浮かんできてしまいます。

幼いころの印象というものは一生を通じて残り、年をとるにつれ鮮明になってきます。いまの子どもたち、頭の中は私たちの年代とはだいぶ違っていることがたくさんあるかもしれません。

だいじょぶだよ、こんなの

「製作展」（現在は「幼児の生活と表現」）をきっかけに、年中組の子どもたちも初めて〝カナヅチ〟を手に持って木にクギを打つ経験をしています。大人の手にはそう重たいとは感じませんが、子どもの手にはやはり重いのでしょう。柄《え》の端を持たずに頭の近くを持ってクギを打っている子、クギをしっかり押さえずに片手だけを使って打っている子、お餅つきの杵のように持っている子など、まだやっとカナヅチを持っているという子をよく見かけますが、しだいに使い慣れていくことでしょう。

また、女の子より男の子のほうが〝目を輝かせて〟夢中になっているようです。力いっぱいたたきたいということ、そして木切れをつなぎ合わせて構成していくということは、こんなに幼い時から男の子は好きであり、得意なのでしょう。

先日も、年長組の男の子が木片で長い刀をつくり、振りまわして〝チャンバラごっこ〟をして遊んでいました。年中組の女の子など、今のところは小さな木片にクギを何本か打ちこんで何かに見立てたり、男の子より比較的小さなものをつくっているようです。

まだカナヅチを持つ手も不器用なものですから、うっかり自分の手を打っては〝思わず口に指を入れている姿〟があちこちに見られます。子どもながら相当痛いのでしょう。しかし、好きなことに夢中になっているうちに、そして、自分で打ってしまったのですから、ちょっと顔をしかめても、また大人の顔など〝チラッ〟と横目で見ても、騒がず我慢して再びクギを打ち始めます。

先日はこんなこともありました。

まだ四歳で、ほんの小さな傷を負っても泣く子なのですが、ある日、木に登りました。友だちに「すごいなー」と言われ、得意になりながら枝の生い茂ったクヌギ（櫟）の木のだいぶ上のほうへ登ってしまいました。小枝の間をすり抜けながら、ザラっとした幹にしがみついて無理をして登ったものですから、足にあちこちすり傷を

負い、血がにじんでいました。本人がそれに気づいたら〝きっと泣くに相違ない〟と心配して見ていたら、

「だいじょぶだよ、こんなの」

と言って、傷のことよりも木に登ったことで胸がいっぱいで、ちっとも痛みは感じなかったようでした。それとも本当は痛かったのに、男の子の〝プライド〟がこう言わせたのでしょうか？

自分がやりたくて進んでやったこと、そのなかで多少失敗しても、また少々ケガをしても、人に甘えたり泣きついたりしないということを、子どもたちはこんな〝小さな〟ことのなかから学んでいくのだなー、そしてまた、慎重さを身に付けていくのだと感じました。

楽しい食事

最近、子どもたちが〝不器用〟になってきていると言われますが、生活が便利になってきたため、子どもたちも苦労して〝道具〟を使うということを忘れてしまっているのではないでしょうか。もしかすると、大人が忘れさせてしまっているのかもしれません。

たとえば、ハシ（箸）を正しく持ってお弁当を食べている子が本当に少ないようです。当然、ハシで食べてもよいものであるのに、スプーンやフォークもついでに持たせてしまうと、子どもはどうしても簡単に使えるほうを持ってしまいます。反対に、まだ上手にハシを使えないのに、いつもポロポロしたチャーハンのようなお弁当にハシだけを持たせることも考えものです。

ハシが上手に使えないうちは、ハシではさみやすいものを用意してあげること。食べにくいものを用意して「ハシで、ハシで」と言ってもムリです。そして安易にスプーンやフォークばかり持たせないこと。ハシで食べられるものはできるだけハシだけを用意してあげること。スプーン・フォーク・ハシが一緒にセットされている立派な(?)ハシ箱は子どもにとって〝親切〟とは言えないかもしれません。

次に、周囲の大人が正しく持って見せること。おかしな持ち方をしているときは、手をとって教えることです。幼い時についたクセは、大きくなってからではなかなか直りにくいようです。「楽しい食事」ということをまず第一に考えながら、お子さんに合った方法を工夫してください。

遊び楽しむ年の暮れ

まもなく冬休み……。

この冬休みの期間は〝年の暮れ〟と〝お正月〟という、大人にとっては一年の中でもっとも忙しいとき。しかし、子どもにとっては、大人になってもいつまでも幼いときの〝思い出〟として、記憶に残るいくつかのことも経験できるときかもしれません。

そんな暮れの忙しいとき、家族の一員として子どもたちにもできるお手伝いなど、ぜひしてもらったらいかがでしょうか? ぞうきん掛け、ガラス拭き、くつみがき、洗濯物たたみ、お料理のお手伝い……。それぞれのご家庭によって違うと思いますが、何かあるはずです。

子どもたちは、「助かるわー」「あらっ、こんなにじょうずにできるの?」「ありがとう」というお母さんのひと言に、どんなにか励まされることでしょう。そして、自分が役に立っているということを感じるとうれしくなり、自信を持つようになるものです。

子どもたちは、幼稚園でも〝お当番〟になって、手伝うことが大好きです。子どもにとってはお手伝いすることも〝遊び〟ですから、決してお手伝いの中に〝完全さ〟を求めないでください。ぞうきん掛けをして水を多少こぼしても、スリッパの底の汚れが完全に落ちていなくても、切ってくれたニンジンがふぞろいでも、せっかく一生懸命楽しくやったのに、「なーに、これはいったい」「お母さんがやるからもういいわ」などと言って、大人の目の高さで子どもを見たり、測ったりしては子どもたちの伸びる芽を摘んでしまいます。それに年齢が低いと、お手伝いの途中で遊び始めてしまうかもしれません。

お子さんが〝お手伝い〟をしたら認めてあげてください。子どもって、お母さんにニッコリ笑ってほめられるとうれしくなるものです。「やっぱりこれやってよかったな」「またやってみよう」という気持ちになるでしょう。お子さんの手元がおぼつかなくても見守ってあげましょう。

また、子どもたちはお父さんお母さんはじめ、家族に〝遊びの相手〟をしてもらいたがります。ゲームや絵本をお子さんにプレゼントする方もいらっしゃるでしょう。そうしたら与えたままにしないで、それをきっかけにお子さんとじゅうぶん〝遊び楽しむ〟ことをお勧めいたします。

最近、子どもたちは〝与えられること〟〝してもらうこと〟に慣れ過ぎてはいないでしょうか。してもらうこと、プレゼントをもらう喜びよりも、自分が役立っていることの〝喜び〟、そして親子で遊ぶことの〝楽しさ〟を経験することが必要なのではないかと思います。

ヘビはどうやって穴を掘るの？

子どもというのは、大人が深く考えてみることもせずに過ごしてしまうことについて、新鮮な心で、新鮮な目で考えているのだと思う出来事にときどき出会います。

年中組のMくんにたずねられました。

「ヘビは手も足もないのに、冬眠するときどうやって穴を掘るの？」

そんなことちっとも考えたことがなかったので、〝ハッ〟とさせられました。

さあ、どうやって掘るんでしょうね？ Mくんいわく、

「シッポをネジのようにグルグル回しながら掘るんじゃない？」

「そうかもしれないわねー」……。

アリは土をひとかけらずつ口にくわえて穴を掘ります。アリ地獄は自分でグルグル

まわって穴を掘り、その底にもぐると言われます。うちのイヌは前足で掘ります。幼稚園の子どもたちは手で掘ったり、シャベルで掘ったり棒で掘ります。

Mくんは家でもカエルが土にもぐったりするのを母親と一緒に見ていて、いろいろなことを考えていたようでした。伊藤洋先生（小学校の理科の先生）にたずねたところ、「山に住んでいるヘビは、ほかの動物が掘った古い穴を見つけて何匹も固まって冬眠する」そうです。そして、そのような場所を見つけることができなかったヘビは、寒さでやられてしまうのだそうです。

でも、Mくんと考えました。

「動物の穴がない住宅地にすんでいるヘビはどうするのかしら？」

「…………」

息子が五歳のときのことです。

「人はどうして目が見えるの？　目をこうやってつむると暗くなって、あけると明るくなる。目の中に電気があるの？」

わたしがだまっていたら、小学二年の姉が説明していわく、

「目の中に物が映るところがあって、そこから何かが飛び出して、もしこれを見たとすると、これにぶつかってまた目の中に入って、そこに映るから見えるのよ」

「なるほど」……。

ハサミで切れば？

先日、子どもたちのタコ揚げを見ていたときのこと。糸のついたタコをそのままカゴに入れると糸がもつれてしまうので、〝どうしようか〟と考えていると、年長組のYちゃんがこう言いました。

「糸をくっつけるところをつくるといい」

わたしがタコに何か特別なものをつけることを考えていたら、

「ハサミで切ればいい」……。

糸を巻いてある厚紙に切り込みを入れ、そこに糸を引っかけるのだそうだ。

なるほど……。

「Yちゃん、頭いいね」

またしっぽの長さがふぞろいなタコはクルクルまわってしまうので、わたしが短いほうに紙を足して長くそろえることばかり考えていたら、Yちゃんは長いほうを少し切って、短いほうにそろえることを考えていました。

子どもの発想というものは、「固定観念がなくておもしろいな」と思った出来事でした。

土は最高の教材

雪どけでぬかっていた園庭の土は、連日の日差しで水分も蒸発して落ち着き、ホコリっぽくさえなっていました。第二グラウンドなど、ひどい時はそのまま田植えができそうでしたし、長靴がなければ歩けなかったほどです。その長靴も、子どもの小さなものではぬかるみにとられることがあったくらいです。しかし、霜柱のすばらしさは格別でした。

土は、乾いてひび割れる時があります。雨が降ると川筋ができ、土が流れます。雪が降ると、土は見えなくなります。霜柱ができると、土はもち上げられます。日が差すと、土はぬかります。早朝の土は凍てついて、カチカチです。ホコリっぽい土、黒く湿った土……。

土にはいろいろな表情があります。こういう自然界の変化は、子どもにとってはまたとない「教材」です。変化しないものの中では子どもは育っていきません。それにしても、舗装された道路やコンクリートのなんと多いことか。

園庭がぬかると、子どもたちはぬかっていない場所を見つけて体操です。ぬかるみを初めて歩く子は、おそるおそる足を運び、くつの底を確かめ確かめ歩きますが、やがておもしろくなり、

「くつが重くなったよー」……。

「土がカチカチだね。霜柱で持ちあがった土の下はどうなっているのかな?」

その変化に子どもは驚き、おもしろがります。そして、自分の発見したことを告げにきます。

「幼稚園の台所の裏のところは霜柱がとけなくて、カチカチで踏んでもつぶれないんだよ」

「プランターの中の霜柱はお花みたいできれいだね。なめてみちゃった」

「どうして霜柱って針みたいになるの?」

「竹の子村の霜柱は三階建てだよ。ぼくたちのまいた小松菜、みんな持ちあがっち

ゃった」……。

そして、ビニール袋に泥のついた霜柱をつめて帰る子。家へ帰って夕食の支度に冷凍庫を開けたら、先日の雪がお団子になってまだ大切にしまわれてあったそうです。夏になったら出すそうです。

それにしても、どうして霜柱って針のようになるのでしょう。考えてみると、私たちの周囲には不思議なことばかり。また子どもに宿題を出されてしまいました。

心を育てる

「三無主義から五無主義へ」*……。最近の子どもたちは物事への関心や感動が、ひいては遊びの中で何かに熱中することが少なくなっているようです。子どもたちがこのような傾向にあるのは、大人の子どもたちへの接し方、また豊かな自然が少なくなっていることにも起因しているのではないかと思います。

では、子どもたちにどのように接していけばよいのか。

まず、身近なこと、足もとから見つめなければと思います。大切なことは、子どもの気持ち・心を受けとめてあげること、子どもの言葉に、表情にしっかりと応えてあげることだと思います。

たとえば、子どもが〝落とし穴〟をつくるとします。ママを落とそうとして、いろいろ想像しながらつくります。ママも落ちてビックリしてあげる。すると、「またやってみよう」「もっとびっくりさせよう」「ダメージを大きくさせるにはどうすればいいのかな?」……。そうした思索と想像のなかから研究心・熱中する心も育っていくのだと思います。

また、子どもとのやり取りのなかで〝親しさ〟が増していくものです。

「ママ、ぼく逆上がりができるようになったよ」

「あっ、お花がひとつだけ咲いた」……。

子どものこんな言葉は日常の中にたくさんあるのです。それにしっかり応えられるかどうかが「心を育てる」ことへ通じる道ではないでしょうか。

＊三無主義：無気力、無責任、無感動。これに、無関心、無作法を加えて〝五無主義〟といわれた。

心の解放

「幼児期」は、人から与えられ知識を増やしていくことではなく、みずから体験し、その中で何かを発見し、学び、身につけていくことが大切です。

たとえば、「種をまくと芽が出る」という事実とともに、

「畑をつくるのは大変だね」

「お腹もすくね」

「土にはかたい土もあるし、サラサラの土もあるんだね」

「お水でこねるとグチャグチャになるね」

「あれ！　芽が出たよ、うれしいな」

という〝ナマの経験〟です。

そのひとつが「心の解放」です。これは体と心をピリッと引き締めるような冷たい風の季節と反対に、心地よい風の暖かな季節に心と体を解きほぐしておこうと思い、砂・水・泥粘土などに親しもうというものです。

筆に絵の具をたっぷりとつけて、大きな紙に伸び伸びと塗りたくることは気持ちのよいものですし、泥粘土のひんやりとした、そしてヌルッとした感触を手足に受けることは、それだけで気持ちがほぐれることになります。精神衛生の面でもプラスになります。

部屋一面に新聞紙を広げて大きな山にし、その中へ体ごと飛び込んで行ったり、このときとばかり先生や友だちをうずめたり、両手いっぱいに抱え込んで雪のように〝フワーッ〟と天井へ向かってまき散らすなかで、開放感を満喫し、先生とそして友だちとの距離もグーンと縮まったように感じられました。

また、この季節ならではの自然に親しむため、タケノコの成長を観察したり、ピーナッツ、陸稲《おかぼ》、カボチャ、はつか大根、小松菜などをまきました。

力の芽

プリン型に砂を一生懸命つめて、指の先まで神経を行き届かせるようにギュッと両の手で押える。そして片方の手のひらに注意深くそっとあける。それを持って慎重に歩きだしますが、五〜六歩のところで落とし、プリンは粉々になってしまいました。

「あら！」……。

だまって見ていると、先の動作をもう一度くり返します。今のは失敗してしまったので、さらに慎重になっています。手の中のプリンに視線をこらして、足を地面に擦るように歩いて、一〇メートルほど離れた先生のところまで持って行きました。先生に差し出すと、先生はおいしそうに大きな口をあけて食べて（?）くれました。そのときのAちゃんのうれしそうな顔、今までの努力が報われたような表情でした。

とても小さなありふれた出来事ですが、この出来事のなかで、忍耐強さ、集中する力、力の出し具合、自分の意志といった、さまざまな〝力の芽〟が育っているのを感じます。とにかく「あらあらダメね、こうすればいいのよ」などと大人が割り込んでいきがちですが、それでは「どうすればよいのか?」、自分で考えて行動するという意志が育たないのです。

ほかにも、子どもが自分の興味あることに打ち込む真剣な眼差しは、あちこちに見られます。トンカチでクギを打つ、ハサミで切る、泥粘土でつくる……。そのなかで子どもたちは新鮮な驚きとともに新しいことを見つけます。

「泥粘土はひかげに置くと、かたくならないんだよ」

「穴を掘るときは、地面に水をかけるといいんだ」……。

物と深くかかわり、その性質を知り、このような子どもなりの知恵をみずから学んでいく。そのかげにものごとに取り組むときの姿勢〈真剣さ、集中する力、探究心、自分の意志〉が育っていくのだと思います。

土に触れる

いま園では、小鳥、ウサギなど動物の世話当番や、春野菜のための畑づくりで朝から大変にぎやかです。

動物や植物を育てるという体験は幼児期に必要だと思います。動物を好きになって欲しい、可愛がる子になって欲しいと願うとともに、根気よく世話をすることを通して〝科学の芽〟も育って欲しいと思います。

「ウサギはどんなものを食べるの?」

「ウサギの好きなタンポポや、クローバーやオオバコの葉を見分ける目ってどんな目?」

「どのくらいのエサをやればいいの?」……。

子どもたちのウサギへの興味は尽きません。でも、やたらにエサをやり過ぎると死んでしまうこともありますし、具合の悪くなる時もあります。そしてまた、動物の〝生や死〟を通して、たとえ小さな生き物であっても、かけがえのない〝生命〟というものの重みを少しでも感じられる子に育って欲しいと思います。

子どもたちが畑を耕すため大小のシャベルで穴を掘っているそばで、ウサギたちも囲いの中で、前足で土をかいてせっせと穴を掘っては、ときおり土で真っ黒になった顔をあげます。前歯でかたい土を削るようにして横穴のトンネルを掘っている姿に見入っている子どもたち……。

ウサギもたっぷりと土に触れた日は、オリの中に入れても何となく静かです。子どもたちもひんやりとした土の上を素足で歩き、土の上を転げまわるとき、とてもうれしそうな表情をします。〝土に触れる〟ということは、子どもたちにとっても、動物たちにとっても必要なことなのですね。

チャボが卵を産んだ日

ちょうどお弁当を食べている時でした。

「コケーッ、コケーッ」

いままでにない鳴き方をするチャボの声にテラスへ飛び出してみると、チャボが初めての小さな卵を産んだところでした。

「チャボがタマゴを産んだー」

さっそく子どもたちに知らせたところ、あちこちからゾクゾクと鳥小屋のまわりに集まって、目をまん丸にしてたったひとつの小さな卵に見入っていました。

「ワー、ちいさい」

「白くないねー」

手に持たせてあげると、

「あったかーい」

「何にして食べよーか、タマゴ焼きがいいかな?」

「かわいそう、かわいそう」

「ヒヨコがうまれるね」

「あのね、わたをしいて、ワラを上からかけてあたためればヒヨコになるわよ」

「ヒヨコになったらおしえてね」

「幼稚園にはオスのチャボがいないから、ヒヨコにならないわよ」

「どうして?」

「いま食べればしんせんでおいしいよ」

「なかにヒヨコがいるんでしょ。かわいそう、かわいそう」

「ゆでタマゴにしないでね」……。

いま、ニワトリ当番をしている年中組の子どもたちで、〝ヒヨコ〟になるのを待つか、それとも、〝煎りタマゴ〟などにして食べることにするか、相談することになりました。

この日は、たったひとつの〝小さな卵〟が、思わぬ難問を巻き起こしてくれました。

と同時に、ウキウキとした、とてもあたたかな空気が、子どもたちの中に、そして園全体に満ちあふれているのを感じました。

からだの動き

「最近の子どもたちは不器用である。からだが正常に育っていない」

そんなことが近ごろよく話題にされています。以前では生活のなかで当然行なわれていた、〝からだの動き〟が経験できなくなってきている、ということも原因ではないかと考えられています。

それは子どもたちをとり巻く環境が〝快適〟であること、つまり便利であることに流され、からだの機能を十分に働かせずに済まそうという大人の世界の風潮が、子どもの世界にも入り込んでいるということではないでしょうか。

ワンタッチで開くカサ、エンピツ削り機など、ささいな例であり、また雨で土がぬかってしまうこと、水たまりができてしまうのを避けるため、コンクリートで固められてしまった子どもたちの活動の場所などもそうでしょう。

使い方によっては危険なものを、子どもたちの周囲からなくしてしまうこともそうかもしれません。石ころ、棒きれ、デコボコ道、坂道……。子どもたちは大好きです。子どもたちは変化に富んだ環境の中で、いろいろなものに触れながら、いろいろな動作をくり返しくり返し行なうことによって、からだの機能を発達させていきます。たとえば、ヒモを結ぶ、ぞうきんを絞る、お盆にのせてものを運ぶ、ハサミやカナヅチを使う、ハシを使う、歩く、溝を飛び越す、木によじ登る、ひっぱる、ぶらさがる、ころがる、とっさに物をよける、橋を渡る、穴を掘る……。

便利であること、快適であることは大人にとってはうれしいことであり、歓迎すべきことですが、まだ完成されていない子どものからだの発達にとっては、かえってマイナスになります。

遊びの中から積極的にからだの動きを引き出すこと、からだの動きを引き出せるような環境を整えること、そしてその中で自主的に活動できる子どもを育てたいと思います。

ある日、やりにくそうに、指で朽ちかけた木をほじっているAくんに、

「何か棒のようなものでやってみたら?」

と問いかけたところ、

「だって先生が持ってきてくれないもん」……。

なんとなくあてがわれることに、そして、人を頼ることに慣れてしまっている子どもの姿がうかがわれます。困った時どうしたらよいか、自分の頭で考えようとする姿勢が育って欲しい。自分の足で歩ける子どもたちが育って欲しいのです。

子どもたちがからだを使って工夫して遊べるような環境づくりと、栽培や飼育をはじめとする幼児期に必要な活動をいかにとり入れていくかが「現在の課題」であり、そして「これからの課題」でもあります。

ではどうすればよいか？

年長組のコマツナ（小松菜）、年中組のサヤエンドウ……。寒さと、つい先日までの日照りと、お腹をすかせた鳥のため被害を受けていました。

「ではどうすればよいか？」……。

子どもたちに問いかけたところ、さまざまな答えが出ました。

「せっせと水をやる」

「鳥を追い払うため、カカシを立てたりビニールをかける」

「ヒモを張りめぐらせたり、ヘビやオニなど怖いものを立てる」……。

クラスそれぞれの努力のかいあって、年長組のコマツナなど、ビニールの下でみどり濃く勢いをもり返してきました。

また、ニワトリを飼って卵を産ませ、その卵で子どもたちがお料理をしたらいいなという、単純な発想から飼い始めたニワトリ。そして生まれた卵……。

子どもたちは単純ではありませんでした。

「タマゴ焼きにしよう」

「ヒヨコになるのに食べちゃかわいそう！」

「温めてヒヨコにしよう！」……。

子どもたちの意見にしたがって、各クラスで「卵をどうするか」ということで話合いました。たったひとつの卵から、子どもたちはいろいろなことを考えていくものです。

「こんな時にはどうしたらよいか？」……。

大人は答えを出さずに、子どもたちの力で方向を、答えを探るように仕向けること、そして一緒に考えること。それも忘れてはならないことだと思います。

ウンコするなよな!

いまの子どもたちは〝知識〟はあるのですが、〝体験〟する機会に乏しいように思います。これは子どもたちを取り巻く環境を考えると無理からぬことかもしれません。道はアスファルトで固められ、コンクリートの庭や建物……。そこには水たまりもできなければ、青々と草の茂ることもなく、しだいにチョウや虫・鳥も少なくなってしまいます。

人間は、とくに子どもは〝自然と深く触れ合い〟ながら生活することが理想です。大人が知識を与えることよりも、さまざまなことを体験していくこと。幼児期は具体的なものに触れながら、感動し、考え、試しながらさまざまなものについて認識を深めていくものです。また、そうあらねばならないと思います。

たとえば、絵本で見るウサギは動かないし、テレビの映像で見るウサギも飛び出してこなければ、その柔らかなフサフサとした毛並みに触ることもできません。ウンチもしなければ、エサを与えなくてもずっとそのままです。

しかし、本物のウサギはウンチもするし、エサもバリバリ食べます。エサをやらないと死んでしまうし、戸を開けると飛び出してきます。抱っこするとずっしりと重いし、手の中で暴れ、後ろ足でけとばされるし、うっかりすると手を噛まれることだってあります。

あるとき、ウサギに向かって、

「おまえたち、ウンコするなよな!」

と言った子がいました。お当番がたいへんだったんですね。

園の裏や竹の子村へ行くと、いろいろな雑草が生えています。これはウサギの好きな草、これは小鳥の好きな草、これは毒がある草、触っちゃいけない。絵では色や形は知っていても、実際その場になると見分けのつけにくいものです。

それに本物には独特の〝におい〟があります。ヨモギのにおい、ハコベのにおい。春先の土のにおい、菜の花のムンムンした強烈なにおい、秋の土のにおい……。

先日、ジャガイモ植えをしていた子が、

「かわいそうだね」

と言いながら、お芋を植えていくにはちょっと邪魔になっている丈《たけ》の低い、それでも小さな花をつけた〝菜の花〟を大事そうによけて、お芋を植えていました。

タケノコ掘りをしていた女の子たち、親竹とその子どもであるタケノコをつなぐ根っこにぶつかり、

「なんだろうこれ？」……。

太い親竹から根が伸び、そこに大小何本かの兄弟姉妹の〝タケノコ〟が出てくるわけですが、その意味を知るとシャベルを持った手をしばし休め、

「（こんなに小さなタケノコをお母さんから切り離しちゃうなんて）かわいそう」

と、悩んでいました。そうした生活のなかで、情緒とともに〝科学の芽〟も育っていくのではないでしょうか。幼児期は具体的なものを通じ、何でもやってみることが大切です。

アジサイの七変化

園舎の裏庭にはいろいろな色のアジサイ（紫陽花）が咲いています。

「白いのはだんだんとピンクになるの？」

「はじめの赤ちゃんの時は白なんだね」……。

白からピンクへ、徐々に色濃くなっていくのを順に見ていったりします。

水色のアジサイや、大きくなっても白であるアジサイを見つけ、

「どうしていろんな色があるの？」

さて、どうしてかな……。

種類にもよるのでしょうが、酸性土壌とアルカリ性土壌によって、同じ種類でも色合いが微妙に違ってくるということは、どこかで聞いたことがありますが……。西洋

アジサイ、日本アジサイ、アジサイの原産国はどこだったかなー。

その晩さっそく牧野富太郎《まきのとみたろう》（植物分類学者。一八六二〜一九五七）の『植物図鑑』を開いてみました。すると、知らなかったことばかり……。

「ガクアジサイがアジサイの原種であり、原産国は日本。古くはアズサともいい日本の名花のひとつ。中国ではアジサイは外国の花とされている」

花びらとばかり思っていたのはじつはガクで、本当の花びらは非常に小さく、真ん中に四、五枚ある。オシベは一〇本、メシベは退化してしまっている。西洋で栽培されているアジサイは赤・桃・白などの品種があるが、それはアルカリ性の強い土に栽培されたからで、酸性の強い土に植えると青むらさきがかってくる。アジサイという名は青い花が集まって咲く意味といわれている……。

「どうしていろんな色があるの？」……。子どもの質問に耳を傾けても、すぐには答えられないことばかりですが、知ろうとする意欲は子どもから喚起させられます。

いつか観たイタリア映画（題名は忘れてしまいましたが）の、白い石段の両側にずーと並んで咲いていた、あのピンクのアジサイが忘れられません。

「あめあめ　ふれふれ　かあさんが……」（『雨ふり』、北原白秋・作詞、中山晋平・作曲）で頭に浮かんでくるアジサイはどうしてもピンクではなく、涼しげな水色なのです。

鎌倉の明月院《めいげついん》は『あじさい寺』として有名ですが、草殺しのため、つまり下草の雑草を生やさないため、植えたのが始まりだそうです。

「アジサイ」……。わたしの大好きな花です。あなたなら、アジサイの花に何を連想され、そしてどんな思い出がおありでしょうか？

追記：園の裏庭のアジサイは、わたしの母が挿し芽で増やしたものです。よく、「このアジサイは○○さんから」「このアジサイは○○さんから」と言っていました。花友だちがいたのですね。花は買うものではなく、やりとりして植えると、その花とともに、その人のことも浮かんできます。

落ち葉のささやき

夏のあいだ涼しい木陰をつくってくれていた園庭の大きな木々の葉も、散る前のわずかなあいだ、赤や黄に変わり、その存在を私たちの目に無言で訴えているようです。その園の木々を眺めながら、朝、子どもたちを門の前で迎えていてちょっと気になることがあるのです。

お家からずっと歩いてきたのでしょうか、お母さんに見送られて元気に門を入る子は、生き生きとはずむような足どりで、「さあ、今日も楽しい一日が始まるぞ！」といった表情なのですが、いつもいつも自転車に乗せられて、お母さんの背中で朝の冷たい風をやっと避けるようにして、身を縮めて登園してくる子は、お母さんに促されて門を入っていくのです。

登園してくる時など、歩いても自転車に乗ってもどちらでも、と思うかもしれませんが、仲間と遊び、さまざまな活動をする前の心と体のウォーミング・アップとしての貴重な時間なのです。できるかぎり、歩いて心と体を少しでも解きほぐし、幼稚園の門を入るようにしたいもの。カサコソと、道路脇に散り積もった落ち葉を踏み、またきれいな葉っぱを拾いながら、登園してくるのもいいものだと思います。

「落葉」

シモオヌ　森へ行ってみよう　木の葉が散った
落葉は苔と石と小径を包んでいる
シモオヌ　お前は好きか　落葉ふむ音を?
落葉の色はやさしく　姿はさびしい
落葉は果敢なく捨てられて　土の上にいる!
シモオヌ　お前は好きか　落葉ふむ音を?
暮れ方　落葉の姿はさびしい

颪に吹きちらされる時　落葉はやさしく叫ぶ！
シモオヌ　お前は好きか　落葉ふむ音を？
よりそえ　我らもいつかは哀れな落葉であろう
よりそえ　もう夜が　またそして颪が身にしみる
シモオヌ　お前は好きか　落葉ふむ足音を？

（グールモン）

追記：堀口大学の訳と少し違いますが、学生時代、友人が書いてくれたこの訳がわたしは好きです。

糸でんわ

「先生これ電話だよ。ちょっとこっちを耳にあてて聞いてみて」

見ると、紙コップの底から底へと毛糸がつながっています。

「あらっ、糸電話というものは円形の形のものにパラフィン紙を貼って、もめん糸をピーンと張らなきゃできないのよ。たぶん聞こえないんじゃないかしら」……。

そう心の中で思いながらも、「そうお」と言って、わたしが片方を耳にあて、Aくんと〝電話ごっこ〟をしてみた。するとわたしの予想に反し、聞こえたのでした。

「ねえ、聞こえるでしょ！」

Aくんのうれしそうな表情。

これに自信をもったのか、Aくんは今度は毛糸をつないでもっともっと長くし、B

くんといっしょに〝電話ごっこ〟をしていました。八メートルほどの長さでも聞こえるのだということが、二人の表情でわかりました。

大人の頭は（ひょっとしたらわたしのだけなのかもしれませんが）どうしてもかたくなってしまいがちです。子どもの頭は柔らかい。Aくんの電話づくりもやがて進歩していくのでしょう。子どもの発想に教えられることばかりです。

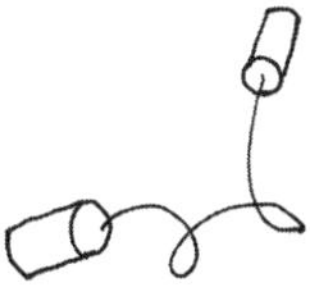

地球の肌

第二グラウンドで〝土粘土遊び〟をしました。

各クラスごと、わたしも手伝い、子どもたちといっしょに土粘土とたわむれるひと時をもちました。園庭の砂場や泥んこ遊びで、子どもたちは砂や土を手にし、畑仕事でも土に接しています。

しかし、子どもたちが生活している環境は変わりました。原っぱでかけまわったり、水たまりに〝バシャバシャ〟と足を入れたりすることもできなくなり、コンクリートで固められた環境で、土の部分が少なくなってしまいました。

そのうえ、土に触れることも少なくなりました。私たちは土から育ったものを食べて生き、土に還っていきます。〝土こそ原点〟というべきではないでしょうか？

土をはじめとし、本物と出会うこと。見たり聞いたりすること以上に、〝触れる〟ことを幼児期は大切にしたいです。その点で「土粘土」は重さもあり、量感もあります。水を足せばツルツルに、またベトベトに。乾けば硬く、そしてパリパリに。サラサラと粉状にもなります。

土粘土は素手でじかに材料と触れることができ、そして材料のなかに気持ち良くヌルヌルと手や足を入れることもできます。土粘土は子どもたちの〝触感覚〟を育てるには格好の素材です。

子どもたちの手にかかる前の土粘土はただの〝かたまり〟にすぎませんが、子どもたちはそれに水をかけたり、手でいろいろにこねまわしたり、足で踏んだり、またある子はスケートのごとく手足を使ってツルツルとすべったりと、大きなかたまりに挑戦しながら、やがてその性質をからだで感じとり、知って、考えて、いろいろな形にしていきます。頭と心と手足が、そしてからだ全体がいっしょに動く作業です。

「もう水かけるなよ、粘土がとけちゃうぞ」

水が多すぎると粘土がとけて、形にできないということを知っています。

「粘土って本物の土からつくるの?」……。

やはり土のほうが〝地球の肌〟、本物らしいということを感じているのでしょうか？

一〇〇匹の山羊のガラガラドン

「一〇〇匹の山羊《やぎ》のガラガラドン」は、そのくり返しの単純さと、〝トロル〟という化け物のハラハラする登場の仕方に、子どもたちには『三びきのやぎのがらがらどん』*（福音館書店、一九六五）としてたいへん親しまれているお話です。それを「庭いっぱいに広がって演じたら」ということから、運動会に「劇遊び」という形をとりました。

子どもたちに練習というものはありません。毎回が本番なのです。運動会に劇をして、お父さん、お母さんに見ていただくのだから、「ちゃんと練習しなくちゃ」という意識は子どもたちにはまだ薄いのです。〝無い〟といったほうがよいかもしれません。毎日が、毎日の遊びが〝真剣〟そのものの本番です。

「劇遊び」のおもしろさを〝からだ〟で感じてくれるよう、一応こちらで演じやすくアレンジし、運動会で見ていただいたのは三回目の「ガラガラドン」でした。最後に野原に集まってみんなで踊るところで、トロルがなぜ円の中央に倒れたままになっていたのかお話しましょう。

わたしは「大ヤギにやっつけられて死んだトロルも生き返って踊ったら」と考えていましたら、子どもたちはそんな大人の〝甘い考え〟に引っかかってしまうほど、子どもではありませんでした。

トロルを演じた年長組の男の子たちは口々に、

「なんで死んだものが生き返って踊るんだよ〜」

と、踊りの輪には入らず、踊りが終わるまで死んだままになっていたのでした。

子どもたちのそんな声を聞いて〝ハッ〟としてしまいました。

とかく大人は見栄えを気にして、子どもの発想や気持ちを無視してしまうことが往々にしてあるのではないかなと感じています。この「ガラガラドン」をすることになってから、そして運動会が終わったあとでも、庭の川の流れに木箱の橋をかけての「ガラガラドンごっこ」の姿が見られます。

「オレの橋をガタガタさせるのはだれだ〜」

「大きいヤギのガラガラドンだよ〜」

どうやらみな、トロルをやっつける一番強い大ヤギになりたかったようです。

＊三びきのやぎのがらがらどん：ノルウェーの昔ばなし。「がらがらどん」という同じ名前を持つ三匹のヤギがエサを求めて冒険に出かける童話。橋の向こうの山でたくさんの草を食べようと考えた三匹のヤギ。小さなヤギ、中くらいのヤギ、大きなヤギ、みんな名前は「がらがらどん」。橋をわたっている途中に谷にすむトロル（鬼）に出くわす。トロルが大声で「おまえを飲み込んでやる」とおどすが、「あとから大きなヤギが来るから」という小さなヤギの機転によって、小さなヤギと中くらいのヤギはトロルから逃げて橋をわたることができた。そして最後に一番大きくて強いヤギがトロルに立ち向かい、やっつける。

こんなにせまかった？

このごろ、わが園の卒園生が園にときどきやってきます。そして異口同音に彼、彼女たちが口にします。

「幼稚園ってせまいね〜。あたしたちがいた時もこんなにせまかったぁ〜？」

「そうじゃないわよ。あなたたちの背が伸びたからよ」

「そうですよね」……。

少女たちの胸のところに正門の扉の高さがくる。彼女たちの顔は、もはやわたしの顔よりも高い位置にあるようです。

いま、登園してくる子どもたちは、ほとんど扉の高さよりも頭の位置が低いのです。

そんな子どもたちにとって、正門から保育室へ歩いていく道のりは、私たち大人でしたら何歩でもないのに、ずっとずっと〝遠い道のり〟に感じられ、遊具も、木々も、自分たちにおおいかぶさるごとく、小さな土の山も〝富士山〟のように感じているのでしょう。

ある時のことです。ある子が母親に手を引かれ、何段もある階段の下で動かなくなっていました。それを見たお母さんは、「なにをグズグズしているの?」と無理やり引っ張り上げてしまったのでした。たった数段でも、子どもにとっては〝こんぴらさま〟の階段でも見上げるような気持ちになってしまうのでしょう。

大人が、子どもであった時のことをすっかり忘れてしまうと、子どもの気持ちに気づかないでいると、こんなことも無意識に行なわれてしまうのかもしれません。

正門のところでお子さんたちと離れ、「さあ行ってらっしゃい。早く行くのよ、グズグズしないで!」と急《せ》かせるだけでは酷《こく》というものかもしれません。

子どものとき、よく通った道のりが、

「あらっ、こんなに近かったかしら。子どものころ遊んだ石ころ道、あのときはとても広い道幅で、友だちと花を摘んだり水たまりで遊びながらかよったのに、こんなにせまかったのかしら」……。

「むかしよく登った木、こんなに低かったかしら」

「子どものとき、手にのせた卵はもっと大きかった気がする」

「一年間が、一日があんなに長く長く感じられたのに。大人になればなるほど短く感じられる」……。

卒園も進級も間近。どの子にとっても、中瀬幼稚園で遊んだことが心の片隅に生きつづいていって欲しいな。

春はタケノコ？

「おっ！　タケノコから根っこがつづいているぞ」

「この赤いポチポチの赤かぶみたいの何だろう？」……。

子どもたちって、何かに初めて出会って触れたとき、その驚きで心が、体中がいっぱいになるみたいです。人に教えられて気づくこともあるかもしれませんが、自分で〝発見〟したことの驚きはその何倍でしょうか？

親竹の太い根が伸びて、その途中に〝タケノコ〟が生まれ、土の上に顔を出してくるのです。

「さわっちゃダメよ！　さわると大きくなれなくて枯れちゃうの」

「踏んじゃダメ、ダメ！」

新入児にとっては初めてのこと。竹の子村には、タンポポ、スミレ……、さまざまな野草がいっぱい生えていて、タケノコに気をつけて歩くなんて、そんなことなかなかできません。

二人の子がしゃがみ込んで、本当に顔を出したての小さなタケノコと、もう少し頭を出したタケノコの先を、手のひらで〝いとおしそう〟にそっと触っています。

「こっちが一歳でね、こっちが三歳」

「先生、きてきて！ ツクシがある〜」

「えーっ、こんなところにツクシあったかなー？」

Mちゃんのこんな感動的な話しぶりを聞いたことはありません。

「どこどこ」と手を引っぱられていくと、雨のあとで〝ドッ〟と出たのか、ツクシに似たキノコでした。珍しいキノコで、わたしのほうも見入ってしまいました。

やがて掘りだしたタケノコの皮をむきながら、

「タケノコってずいぶんたくさんお洋服着てるのね」

と、タケノコに話しかけるように笑っている子。

竹の子村は今や春たけなわ。自然は子どもたちにさまざまな〝驚き〟と〝喜び〟を与えてくれます。

そんな子どもたちの頭上、灌木《かんぼく》の少し高い茂みの中でキジバトが卵を温めていることを、子どもたちはまだ知りません。もう少したったら、そうっと教えてあげようと思います。

戦争を知らない子どもたちへ

わたしは、映画は好きなほうで、仕事の合間を見つけてはときどき出かけます。最近観たなかで、もう一度見たいほど強烈な印象を受けたものに『東京裁判』[*]があります。

わたしは戦後の生まれ。まだほんの赤ちゃんだったときに、あのような裁判が行なわれていたことなど、まったく知りませんでした。

その時代を生き、日本の歴史の流れに巻き込まれたA級、B級、C級戦犯たち……。それぞれの立場上、やむを得ない思想と行動であったのかもしれません。その裁判の進行とともに、日本が大きな戦争に巻き込まれていく過程を、「盧溝橋事件」[*]などから始まって、断片的ではありますが、多少なりとも知らされた思いがしました。

あの映画のなかで、*東条英機《とうじょうひでき》はじめ、A級戦犯にはそれぞれ日本人の弁護人とともに、外国人の弁護人がついていたことも初めて知りました。

そして、その外国の弁護人たちの活躍も……。

「はたして戦勝国が敗戦国を裁くことができるのか?」

「もし誰かが裁くことができるのなら、それは戦争に参加しなかった第三国ではないか?」

「戦争は非合法ではなく、合法的な行為である」

「国家の行なった戦争という行為を、個人の責任として裁いてよいのか?」

なかでも、アメリカのブレイクニー*弁護人の発言には感銘を受けました。

「日本に原爆を落とした者がいる。それを黙認した大統領がいる。これは犯罪行為にはならないのか?　現にこの裁判は原爆を投下した国が裁いているのだ」……。

彼はその後も日本に住み、昭和三八年（一九六三）、みずから操縦する小型機で墜落死したとのことです。

目をそむけたくなるような画面も何カ所かありました。そして、戦争の本当の犠牲者となるのはいつも女と子どもだったことも……。

あの映画には「THE END」のマークが出てきません。かわりに東京裁判後の朝鮮*動乱、*キューバ危機、*ベトナム戦争、*ソンミ村事件などの字幕が次から次へと表れ、この世から戦争というものは永久に消えないことを、また戦争犯罪を裁いた国が戦争犯罪を犯しているということを暗示しているかのようでした。

それから数日して、カンボジア難民の医療にあたった無着《むちゃく》とき氏（無着成恭《むちゃくせいきょう》氏夫人）の著書（『足、ください。——カンボジア難民救援医療団に参加して』、文化出版局、一九八三年）を読み、ここに書かれていることが同じアジアで実際に起こっているのかと驚きました。

この本を読んだあと、じっとしていられず、その本に記されてあった曹洞宗ボランティア会を訪れたところ、ボランティアたちの仕事を手助けしているという年配の方（若尾さんだったと記憶しています）が、

「わたしはこの一枚の写真を見て、この仕事を手伝うようになったのです」

と言って、机の引き出しの奥から新聞に掲載された写真のコピーを取り出して見せてくれました。

それは五、六歳でしょうか、やせてボロのような衣服を身につけた姉であろう女の子の背に、まだ二歳ぐらいの男の子がしっかりとおんぶされている写真……。この姉しか頼りになる者は誰一人いないというふうに、指の先、足の先までしっかりと力を入れてすがりついていて、二人とも何かとてつもなく恐ろしいものから逃れてきたような目の表情をしていました。

ベトナム戦争のころ、あのとき新聞に載っていた、背中にやけどを負い、丸裸で泣きながら走って逃げていた女の子をはじめ、肉親を失くした子どもたちはみんなどうしているのでしょうか？

わたしがこんなところでつぶやいていても始まりません。ただ募金することだけでなく、「何か私たちにもできることはないか」と思っていたところ、カンボジア難民キャンプやタイの貧しい農村の子どもたちへ送る日本語の絵本に、クメール語の翻訳カードを貼る仕事があり、数人のお母さんたちが手伝ってくださっています。本当にうれしいことです。いま自分がカードを張り付けている絵本……。いったい、どこのどんな子が、どんな表情で読んでくれるのかしら？

その年配の方がおっしゃっていました。

「戦争はまたあるよ。人間に闘争心というものがあるかぎり……」

一般に女の子は花を摘んだり、お花ややさしい女の子の絵を描いたり、〃平和〃を好むようです。男の子は実力でケンカをしたり、ロボットや怪獣が戦っているところなどよく描きます。木工工作ひとつとっても、女の子はテーブルやイスなど、男の子は刀やピストルなどをつくって〃戦いごっこ〃をしたがる傾向があるようです。それが両性の〃本能〃というものでしょうか。男性はつねに新しいところに進出し、新しいものをつくり出そうという野心に燃えているのも事実のようです。

難民キャンプのように、一日の食糧としてお米が一合しか支給されないところ（これはまだよいほう）、一年間の予算として一万円しかないタイの貧しい農村の小学校、学校へ通うことのできない子どもたち、お弁当を持ってこられない欠食児童の多いタイ……。こうした子どもたちとくらべたら、家庭内暴力、非行問題などあるけれど、とにかく今の日本は平和です。

しかし、以上のようなことが実際に起こっているということ、また過去の戦争によって女や子どもを含め、大きな犠牲が払われたという事実も忘れてしまってはいけないことに思われてなりません。

＊東京裁判：極東国際軍事裁判の通称。第二次大戦後の日本の戦争犯罪者に対する連合国の軍事裁判。戦争指導者（Ａ級）に対して、一九四六年五月～四八年一一月に東京・市ケ谷法廷で行なわれ、東条英機ら七名は絞首死刑、一八名は禁固刑（講和後釈放）となった。ニュルンベルク裁判とともに二大国際裁判といわれる。

＊盧溝橋事件：日中戦争の発端となった事件。一九三七年七月七日夜、盧溝橋付近で演習中の日本軍が銃撃を受け、これを不法として翌八日早暁中国軍を攻撃し、両軍の交戦にいたった。

＊東条英機：東京生まれ。一九三七年関東軍参謀長。陸軍次官を経て近衛内閣の陸相、対英米開戦を主張し、一九四一年首相となり、太平洋戦争を開始。参謀総長・商工・軍需各相をも兼務して独裁権力を振るい、一九四四年戦況の不利に伴い辞職。敗戦後、Ａ級戦犯として絞首刑。一八八四～一九四八。

＊ブレイクニー：ベン・ブルース・ブレイクニー。アメリカ・オクラホマ州生まれの陸軍軍人・法律家。東京裁判においては東郷茂徳・梅津美治郎の弁護人を務めた。その後、東京に法律事務所を開設したが、一九六三年三月四日、セスナ機を操縦中、伊豆半島にある天城山の山腹に激突し死亡。一九〇八～一九六三。

＊朝鮮動乱：大韓民国と朝鮮民主主義人民共和国（北朝鮮）とが第二次大戦後の米・ソの対立を背景として、一九五〇年六月二五日衝突し、それぞれアメリカ軍を主体とする国連軍と中国義勇軍の支援のもとに国際紛争にまで発展した戦争。一九五三年休戦。朝鮮戦争とも。

＊キューバ危機：一九六二年、ソ連のキューバへのミサイル搬入をめぐって生じた米ソ間の対立。ソ連がミサイル撤去に同意し解決。核戦争の危機を招いたが、米ソ関係改善の契機ともなった。

＊ベトナム戦争：一九六〇～一九七五年の北ベトナム・南ベトナム解放民族戦線とアメリカ・南ベトナム政府との戦争。南ベトナムの無条件降伏で決着した。第二次インドシナ戦争とも。

＊ソンミ村事件：ソンミ村虐殺事件とも。ベトナム戦争中の一九六八年三月一六日、アメリカ軍兵士がクアンガイ省ソンミ村（現・ティンケ村）で非武装のベトナム人住民を虐殺した事件。ソンミ虐殺事件はベトナム反戦運動のシンボルとなり、また国外でも大きな批判の声が起こり、アメリカ軍が支持を失う契機ともなった。

一億五〇〇〇万年の旅

園庭の木々も紅葉しはじめ、焼きイモができるのももう間近です。子どもたちがそのための枯れ葉や枯れ枝などを、いま盛んに集めています。ケヤキ（欅）の葉、アオギリ（青桐）の葉、ポプラ、サクラ（桜）、クルミ（胡桃）、ササ（笹）、カキ（柿）、イチョウ（銀杏）……。

また、竹の子村ではササの葉を山のようにうず高く積んで、

「コタツよ」……。

なるほど、わたしもちょっと手足を入れてみたら暖かです。まき散らしては雪、雪……。紅葉した葉など集めて紙に貼り、何かに見立てて遊ぶ子もいます。

子どもたちは葉っぱについてじつによく知っています。

「ウサギはアオギリやポプラの葉ならパリパリとよく食べるけど、ケヤキやサクラは食べないの。だけどお腹がすいているときには夏ミカンの緑の葉も食べるんだよ」

そんなこと、わたしも知らなかった。

「ウサギにはニンジンよ」なんてことは〝大人の先入観〟にすぎません。わが園のウサギは年に何度、ニンジンにありついているのでしょうか?

ある日、ウサギ当番のとき、麦わら帽子をウサギ小屋の中に置き忘れ、麦わら帽子を食べられてしまった子がいました。ツバはすっかり食べられ、帽子はヘルメットのようなかたちになってしまいました。この先、ウサギの食べ物の欄に「麦わら帽子」なんて付記されるかもしれません。

木の中に過ごしていると、新芽の出る時季がいつもの年とくらべて早いか遅いか、紅葉するのが早いか遅いか、今年はきれいかどうか、気になります。

今年は夏から風台風がこなかったので、木々は塩害をまぬかれ、葉が落ちる時季は遅れているようですが、カキは赤く、ケヤキは鉄錆色《てつさびいろ》に、ハクモクレン(白木蓮)・アオギリは黄色に、それぞれ本来の色を鮮やかに出してきているようです。これが本来の色なのです。夏場は葉にクロロフィル(葉緑素)が非常に多いため、葉の本来の色である黄色・キサントフィルが隠されてしまっているのだそうです。

また、たき火をするとケヤキやアオギリ、ササはよく燃えるのですが、イチョウはよく燃えません。なぜか煙ばかり出て、火を消してしまうのです。これにも何か原因があるのでしょう。水分の関係でしょうか。

イチョウといえば、木としてもソテツ（蘇鉄）と並び〝化石〟といえるのだそうで、一億五〇〇〇万年前（気が遠くなるほど昔ですが）、恐竜が生きていたころのものとその形態がほとんど変化していないそうです。そんな木が目の前に立っているなんて……。

その林の中を体重が五〇トン、背丈が四～五メートルもある恐竜が駆けまわり、その同じ形をした葉を食べていたかもしれないのに、一億五〇〇〇万年後のいま、間もなくイチョウが色づくと、子どもたちがその黄色の葉を拾い集めて「きれいね」と言ってまき散らすのかと思うと、何か壮大な気持ちにさせられます。

ウサギの健康法

ここ中瀬幼稚園のウサギは、初めは一羽でした。いまは亡き三毛ウサギの〝まりちゃん〟です。三年前ペット屋さんへハムスターを求めに行き、ついわたしの浮気心でウサギを抱いて帰ってきてしまったのです。今いるのはまりちゃんの夫の通称〝おじさん〟。彼は迷いウサギで、獣医さんによるともう相当の年だそうです。

二人(?)の間にできたのが〝ピーター〟〝おつきちゃん〟〝れもんちゃん〟〝片ぱんだ〟〝ぽち〟(通称・両ぱんだ)です。〝まりちゃん〟はそのほかにも子どもをたくさん産みました。〝片ぱんだ〟も子どもを産みました。けれど、みなもらわれていって、いまは六羽です。

小さなウサギ小屋で飼ったり、子どもたちとカナアミの小屋をつくったり、鳥小屋の中で飼ったりと試しましたが、やはり〝穴うさぎ〟は土の上で自然のままに飼ってあげたいということで、いまの飼い方になりました。

ウサギも二種類あって、穴を掘る習性のあるものと、そうではないものがあります。一度、穴を掘って逃げられたことがあるので、小屋の下には土の中五〇センチの深さまでカナアミが張りめぐらせてあります。

「この穴、掘ってあげたんですか？」

「えっ、ウサギが自分で掘ったんですか？」

お母さんたち、目を丸くしてびっくりなさいます。

ウサギが穴を掘るとき、顔中泥だらけにして、前足でせっせと新しい土を掘り崩し、次に崩した土を前足でグーッと穴の外へと押し出すのです。〝まりちゃん〟はこれが得意でした。

得意なウサギとそうでないウサギがいるようです。しかし、ウサギたちがせっかく掘った穴も、地盤がゆるんでいるときに子どもたちが乗って陥没してしまうと、ウサギたちはまた新しい穴掘りに取り組みます。それで穴の家はいつも間取りが変わります。土の中は夏涼しく、冬暖かいのです。暖かい住処《すみか》のため、ウサギたちはいま、せっせと穴掘りに大忙しです。

「園内でいちばん季節に逆らわず、健康な暮らしをしている者がいます。それは誰でしょう……?」

そう、職員に謎かけをしたことがあります。

そうです、ウサギたちです。春には少々アクのある柔らかな青草を食べ、夏のころになると、それに水分をたっぷりと含んだスイカやメロンの皮が加わり、秋になるとサツマイモの葉やツル、冬近くなるとポプラやアオギリの枯れ葉が加わります。その季節の実りを食としていることが、健康の秘訣なのかもしれません。私たち人間も見習うべきものがあります。

季節の変化に沿って生活する……。いまの私たちに欠けていることのひとつです。

郷愁

カラカラに乾いた落ち葉や、部屋の紙クズを燃やしてのたき火や焼きイモ、渋柿の皮をむいて園の軒先に干してつくった干し柿……。

そして子どもたちといっしょに竹の子村の枯れた竹の枝を引っぱってきて、竹の棒の先にくくりつけてつくった竹ぼうき。なかには、地面をこすると〝グニャッ〟と曲がってしまうもの、棒が竹の枝の束からスポッと抜けてしまうもの、「これ熊手？」と思わせるほどまばらな竹が少ししかついていないもの、麻ヒモがビッシリ巻きつけてあるもの……。さまざまです。

大人の手助けもありました。しかし、ほうきがつくれたという喜びは大きかったようです。ひとつひとつに〝銘〟ならぬ作者（？）の名前が入っています。こんな、初冬の枯れた竹の枝でつくったほうきで、暮れの掃除ができたら素敵です。

その季節の恵みを受けて、

「これで何ができるかなー」

「何がつくれるかなー」

「これ、食べられるかなー」……。

木の葉一枚、一本の棒きれ、石ころ、渋柿にまで心をとめ、小さな経験を積み重ねていくことが、言い換えれば、四季の移りかわりとともに生活することが、自然との共存、残された自然を大切にしていくことにもつながるのだと思います。

ワラ草履《ぞうり》や、干し柿、切り干し大根、ワラ囲いの中の日向《ひなた》ぼっこ、布の切れはしでつくったお手玉などに、昔の人の知恵とゆとりとともに〝郷愁〟を感じます。

ヒミツの場所

「先生、行こ行こ。竹の子村」

ニンジンを一本、大切そうに持っている子。おうちから持ってきたのか、少し枯れかけた花をギュッと握っている子……。

「この花ね、ひなあられについていたの。きれいだから持ってきたの」

ウサギの〝おじさん〟が死んでから、毎日のように続いているお墓参り。お花と水とお線香とマッチの調達も、枯れた花を捨てて、竹筒の花立てに水を入れるのもじつに手際よくなりました。きれいになったところでそっと目をつむり、手を合わせます。

「おじさん死んじゃってかわいそうね」……。

そっとつぶやく子どもたち。

泥と汗にぬれた真剣勝負のサッカーと新聞づくり。

「先生、あした六時に幼稚園へ行くよ。サッカー新聞つくるんだもん」

「Sくんが来るなら先生も来るわ。おかあさんにも聞いてからね。新聞記者は出勤が早いのよねー」

「うん、やるぞー。記事集めたよ」

Sくんの手元を見ると、たどたどしい文字でつづられたメモ用紙が握られていました。


「先生、ヒミツの場所見つけたんだ」

「だれにも言っちゃダメだよ。あそこにお家つくるんだ」

Tくんに連れられて行くと、そこには薄暗い隅に同じ年中組のKくんとTくんがすでに来ていました。Kくんは四角い古障子《しょうじ》の枠《わく》をいくつか集め、出入口をつくるためでしょうか、長ぐつをはいた足で思いっきり踏みつけて桟《さん》をこわしています。保育室になかなか入らず、担任を人一倍困らせたKくんのどこにこんな力があったのかな？

「おまえもやれよ」

桟のなくなった障子の枠を横に並べ、囲いをつくり、三人はそこにしゃがみ込むと、自分たちのお城でも築き上げたように、〝ニャッ〟
「だれにも言わないでよ。ヒミツだよ」
「もちろん！」……。

「子どもは遊ぶ」といいます。たしかに遊んでいる時もあります。でも違う。「遊ぶ」といった次元の気持ちではなく、自分がやりたくて、やりたくて、そうせずにはいられないものに出会う時があるのです。

何か自分に〝ピッタリ〟ときたものに出会ったときの目の輝き、心のきらめき……。そこで自分を燃焼させ、いまの自分を乗り超えて、子どもたちは次のステップへと成長していきます。

「○○ごっこや、○○遊びの域ではないんだな」……。自分がすでにサッカーの選手であり、新聞記者であり、動物が死んで悲しむ人であり、お城の主なのです。

この一年、ひとりひとりの子どもたちにとって、夢中になれたものが、夢中になれた時が、どれくらいあったかなと思います。

それぞれに興味の抱き方が違うことは確かです。しかし、どの子もみなそれぞれの思いを抱いて一年生へ、年長児へ、年中児へと成長していきます。

追記：ウサギのおじさんは、小学校時代からの友人・田沢和子さんが「迷いウサギを保護したから飼ってくれる？」と連れてきた、園ではじめて飼ったウサギです。オスウサギだったので、子どもたちに紹介するとき、「このウサギ、おにいさんかな？　それともおじさんかな？」と話すと、子どもたちが、「おじさんだよ、おじさんだよ、きっと」と言い出し、このへんな名前がつきました。おじさんはオシッコを周囲に振りまくクセがありました。

園庭のスズランやガーベラは和子さんのお庭にあったのを、少し移したものです。今は亡き和子さんは、捨て猫を飼うなど、生きものや植物を大切にした人でした。

残酷さの中から

「ウサギってくさいねー」

「ウンチってどれ？」

「黒くて丸いのがそうよ」

「フーン。くさいね」

毎日のように同じことを聞き、くり返し見ていたMくん……。

またある子は、チャボの羽根におそるおそる触れ、

「あったかいねー」……。

ある日、スノコの下から〝ナメクジ〟を三匹見つけた年長組の男の子たち……。

「動く、動く」

「ベトベトするね」

はじめは手のひらの上を這わせていましたが、

「水に入れてみよう」

ということになり、桶《おけ》の中の水に入れました。するとナメクジは縮んだように〝クネッ〟となって、水の中に立っています。

「死んじゃったんじゃなーい」

と言うと、水の中からすくい上げ、再び手のひらに乗せ、じっと見つめます。

「あっ、目がでてきた！　生きてる、生きてる！」

「また、入れてみようぜ」

何回かくり返したあと、ナメクジに塩をかけることを思いついたTくん。

「先生、お塩！」

「お砂糖をかけたらどうなるかなー」

だいじそうに手のひらにナメクジを乗せているKくん。

「死んじゃうからやだよー」

そう言って、自分のナメクジは離しません。

Rくんや Tくんたちは、みんなでとり囲んで変化していく〝ナメクジ〟をじっと見つめています。そんなときの、子どもたちのまつ毛の下からのぞく真剣な〝目つき〟といったらありません。「かわいそう」と言っていたKくんの目の表情も次第に変わって、「かわいそう」ということよりも、「どうなるのかなー」という好奇心のほうが強くなってきたようです。

ナメクジやダンゴ虫など、ほんの小さな虫をつかまえることからも、子どもたちは見つめ、試し、考え、知っていく……。花を取ったら「かわいそう」、ナメクジにお塩をかけたら「かわいそう」という気持ちもありますが、そこは好奇心のかたまり。

「この花きれいね、欲しいな」

「花の中どうなっているのかしら、むしってみよう」

「花びらってこんな形をしているのね」

「お塩かけたらどうなるかなー」

「ダンゴ虫、水に入れたらどうなるかなー」

「ハサミ虫、砂に埋めてもでてくるかなー」……。

動物や植物、生きものへの興味や関心も、ひいてはそれを慈《いつく》しむ心も、初めはこのような〝残酷さ〟の中から育っていくのではないかと思います。

より原始的に

年中児のときに植えたジャガイモ……。年長児になったいま収穫したら、大きいのあり、小さいのありで、子どもたちのほんの小指の先ほどしかないおイモも出てきました。

「でっけーぇ！」

「ちっちぇー！」

食べるときはちょっと子どもたちの様子が、とくに目つきが違ってきますが、おイモは大きくても小さくても子どもたちの心を動かします。

収穫したジャガイモをゆでて食べるのですが、さて燃料は何にするか……。台所のガスを使えば簡単です。子どもたちの手を使わずにできます。固形燃料を使えば、カマドづくりは子どもたちの手でできます。しかし、ガスでゆでるようなわけにはいきません。

では、園の中で考えることのできるいちばん原始的な方法はないでしょうか……。あります。園舎の周囲にある木の枝を集めて火を起こしてゆでる方法です。

まず、重いブロックを積んでカマドをつくり、枝を集め、次いで枝に火をつけるための紙クズ、マッチ、水の入ったバケツを用意します。用意ができたところで、「紙は丸めて入れなさーい」「枝は短く折ってー」などと教えられながら、紙に火をつけて枝に燃え移らせ、火の様子を見計らってお水にたっぷりとつかったジャガイモの入ったおナベを火にかけます。

このような活動の中で、子どもたちはいろいろなことを〝発見〟し、〝工夫〟し、〝試して〟いきます。たとえば、火が消えそうになったとき、板切れであおぐとよいこと、木の枝なら何でもよいというわけではなく、ポキッと折れる木（枯れ枝）なら燃えるが、ポキッと折れない木（生木）はよく燃えず、煙ばかり出ること、枝の先を煙が出るくらい焦がして水の中に突っ込むと〝ジュッ〟といって消えること……などなど。

どんぐり組のHくんから担任のカタオ先生にこんな質問が出たそうです。

「どうして、あおいだり吹いたりすると火は消えないで大きくなるの？　ロウソクは吹くと消えるじゃない？」

これにはカタオ先生も答えに窮したそうです。

わたしも同様、いろいろ考えてみましたが、自然の領域で活躍されている山内昭道（亀戸幼稚園園長、東京家政大学教授。）先生に、「こんなとき、どう説明したらよいのか」を伺ったところ（山内先生も無着成恭先生と共著で『子どもの疑問に答えるものしり事典』という本を書かれたそうです）、この種の疑問は載せなかったそうで、やはり即答してはもらえませんでした。今ごろ、いろいろ考えていらっしゃるのかと思います。

「葉っぱはどうして上に落ちないで下に落ちるの？」

「牛乳はどうして白いの？」

私たちが日常あたりまえのこととして受けとめ、なぜなのか考えたこともないことに対して、わかりやすく答えることほど、むずかしいことはありません。

便利な生活に慣れすぎてしまっている私たち大人や、それに巻き込まれてしまっている子どもたち。「ジャガイモをゆでる」という簡単な活動ですが、より原始的《プリミティブ》な、そして、より素朴な方法でゆでると、子どもたちも手足を動かす仕事がたくさんあります。そして、考えることも気をつけることもたくさん出てきます。

歯で切ればいいんだよ！

Tくんは Hくんを横目で見てポツリとひとこと。

「木がかたいとクギが曲がるんだよ」……。

これは、小さな木片に何本もクギを打ち込んでもすぐに曲がってしまう年中組のHくんへの、年長のTくんからのアドバイスです。Hくんは何のことかよくわからない様子。Tくんは自分の経験から得たものらしい。木片と木片をつなげるとき、クギを一本打っただけでは〝クルクルッ〟と回って動いてしまいます。

「二本打てばいいんだよ！」

「だけど、きつく打てば一本でもだいじょうぶ」……。

また、年中のKくんが、

「先生、毛糸切って。ハサミがないから」
といったのに対し、Tくんはふたたび、
「歯で切ればいいんだよ！」……。

つい先日のこと、壊れかけたベンチを年長組の子どもたちといっしょに解体していました。マイナスのドライバーでネジを回していると、「そんなことするよりもこうしたほうが早いよ」と言わんばかりに、ドライバーを鉄パイプと木の間に差し込んで、カナヅチでたたくと素早く鉄パイプから木の部分を外してしまったYくん。

子どもたちのこのような知恵、どこで身につけるのだろう。人がしているところを見たり、教えてもらったことも、自分で考え出したこともあるのでしょう。しかし、きっかけはどうであれ、その子自身のものとなっているようです。

雑多なものに触れながら、名もない遊びの中から、子どもたちは「こんなときにはどうしたらいいか」という課題をひとつひとつ乗り越えながら、ものに取り組む意欲、考える力をみずから育てているのです。

ひと言が転がって

子どもたちの自由な遊びに刺激を与える意味で、五日間、「泥粘土週間」として〝泥粘土コーナー〟を設け、すでに何回か経験している子どもたちが、さらに泥粘土に触れることができるようにしました。

一週間出したままですから、片づけるための時間をとることなく、粘土の大好きな子は朝からお弁当になるまで、粘土のかたまりに十分に挑戦できた数日でした。最終日の二日は、このコーナーで遊んだ子どもたち全員での粘土片づけ、粘土板として使ったベニヤ板洗い、テーブル洗い、テラス洗い……。ビショビショになりながら、みんながんばりました。

次の週は、竹の子村での遊びを考えようということで、ワラ縄などのヒモ、古シーツ、段ボール箱などの材料を用意し、年長児が中心となって〝遊び場づくり〟をしました。はじめはこちらの刺激もあってか、竹と竹の間にロープを張っての迷路づくりやクモの巣づくりとなり、翌々日からは年少・年中児も加わって、古シーツでの〝お家づくり〟となりました。

一日目、ひとりの子が古シーツで〝お化け〟をつくり、迷路の途中で誰かが来ると、木の上から〝ポトン〟と落として驚かすことを考えました。これを夜、暗い中でやりたかったのでしょう。

「先生、六時に幼稚園へ来てもいーい?」

「いいわよ。暗いからおかあさんといっしょならね」

このひと言がコロコロ転がって、

「六時からお化け大会があるそうですが……」

「六時からのお化け大会、何を持っていけばいいんですか?」

「お化け大会のお手紙いただきませんでしたが」……。

目新しい遊びだったので、夜も来たいほど子どもたちにとって楽しかったのでしょう。夜の六時ころ、おおぜいの方がいらしたのでびっくりでした。

ピカソと同質？

昨年の夏、Aちゃんから届いた鎌倉の大仏を描いたハガキが、いまでもわたしの部屋の片隅に貼ってあります。そのとなりには、ピカソが描いた「フランソワーズ」という若い奥さんをモデルにしたデッサンが並んでいます（もちろん絵ハガキ）。

この二枚の絵には、どちらも〝同質〟のものが流れているような気がしてならないのです。不必要な飾りを全部取り去って、おおらかな、そして力強い線。どちらにもこの線一本取ってもダメという、不思議なバランスがあるのです。

子どもの絵には、見栄も打算も計算も何もないはずです。その子自身がそのまま表現されています。ですから、「ああこれは相手は子どもだと思っていい加減に描いているな」と思われる自分のちょっとした絵などを見たときなど、何か〝いやらしさ〟

を感じることがあります。

先日も、Ｂくんの描いたものを見て、〝ハッ〟とさせられました。いつも棒を振りまわし、人の注意などに耳を貸すことの少ないワンパク坊主のＢくん。大人には決して描くことのできない、大人がすでに失ってしまったもの、原始的なおおらかさを持っていると思いました。

そこでＢくんに聞いてみました。

「これ、なーに？」

「デンジマンと化石とゴキブリとマキマキウンチ」……。

描かれたものはやはり子どもの世界でした。

子どもたちが何気なく描くものを見つめると、じつにおもしろいものです。壁にピンナップしてあげたり、小さな額に入れて飾ってあげたり、また部分を切り取って、ため込んでしまったアルバム整理のときに、ちょっと写真のそばに添えてあげてもいいですね。

幼児期の体験がその人をつくる

子どもたちの疑問やアイディアは、豊かな体験のなかから生まれるのではないか。そして、子どもたちのふとした小さな疑問から、私たち大人は考えるきっかけを与えられる。そんな機会を大切にして親子ともども育っていきたい。そしてまた、幼児期はとくにじっくりと遊びこむなかで、ものに触れ、ものについて知っていく。そのような生活が、次の成長へのステップとなるのではないか……。

幼いときの、本当におもしろくておもしろくて夢中で遊んだことや、心にしみわたるような深い印象は、成長したあとでも心の隅に残っているのではないでしょうか。

大人になってからも〝お芋〟を見ると、幼稚園の畑で掘ったばかりのお芋を手にしたときのあの〝プーン〟とした土の香り、それとともに、お芋に細いヒゲがいっぱいついていたこと、土の中にミミズや幼虫がいたこと、畝《うね》が小さな足にはとても高く思えたこと、畑のすみに空きカンがころがっていたこと、そしてけむりと焼き芋のにおいなどなど……。

クッキーを口にするたび、幼稚園のとき自分たちで粉や卵やバターをこねてつくった〝石みたいな〟クッキーを思い出すでしょうか。また卵を手にすると、無精卵を「ヒヨコにするんだ」と手で温めたり、ササの葉やワラを敷いて温めたことや、ニワトリのエサをつくったこと、冬のぬかるみのあとのデコボコの園庭など……。

中瀬幼稚園で体験したことが、家庭での体験とともに心の隅に残っていて欲しい、覚えていて欲しい。「欲しい」などと過去へ子どもたちの心を引っ張っておこうとするのは、大人の勝手な思いでしょうか？

しかし、このような時代だからこそ、自然との触れ合いの中で子どもたちがじっくり、ゆっくりと生活したことが、ひとりひとり形は違っていても、何らかのかたちで成長へのステップになって欲しいと思います。

付き合いの中で学ぶ

つい先日、年少組のKくんがころんで泣いていましたが、そばに居合わせた年長児は「どうしたの?」とも声をかけず、Kくんの頭の上で口をとがらせて何か言っていました。

「こいつ、ニワトリのしっぽをつかんでひっぱったんだぜ。それからウサギの耳もひっぱったしな。こないだは棒でぶったんだぜ。だから助けるのよそうな」

そういう年長児たちだって、一年前はKくんと同じようなこともしていたはず。

「先生、ウサギ葉っぱ食べないよ」

「どれどれ」……。

見に行くと、三〜四人で地面に伸びた小さなウサギの背を押さえつけて、人間が近寄るとただでさえビクビクする臆病なウサギの口元に、タンポポの葉をこすりつけていました。これではウサギも食べられるわけがありません。

それにくらべ、年長の子どもたちは、葉っぱを手にしてウサギが近寄ってくるのをじっと待っています。そうすることで、ウサギは子どもたちの手元から安心して葉っぱを食べることができる……。これは一年間の動物たちとの付き合いの中で学んだ〝知恵〟でしょう。

新入児にとっては、園の中で見るもの、触れるもの、ぜんぶ新しく珍しいものばかり。その手加減も、付き合い方もまだわからない。しかし、「そんなことしちゃかわいそうじゃない！」と人から注意されたり、「ニワトリ、こうして抱くのよ」などと教えられたり、人のするのを見ていたり、こうしたらうまくいったと自分で発見したり……。こうして子どもたちは、動物をはじめ植物など自然との付き合い方を、また友だちとの付き合い方をみずから学んでいくのだと思います。

みどり豊かな自然の中で、たくさんの遊びや仕事をとおし、草花や動物をかわいがり、時にはケンカしながらも友だちと遊ぶことに夢中になれる子どもたちに育って欲しいと願っております。

トンカチでやってみる

先日、ある新聞社の編集をしている李さんとおしゃべりをしたときのことです。李さんは仕事がら「スペイン語を学びたい」とかねてより思っていましたが、ふとした駅頭の出会いからある方に学ぶことになった。その教え方がユニークなのだそうです。

ある日のこと、芝刈り機を持っている人の絵を見せられ、

「これは何をしているところですか?」

との質問に、〝芝刈り機〟というスペイン語がわからず、考え込んでしまった。

その方はすかさず、

「あなたは何がわからないのですか?」

「この道具の名前（芝刈り機）がわからないのです」

「では、あなたが知っている言葉を使えばいいでしょ！」

そこで李さんは、

「男の人が道具を持って立っています」

と答えたそうです。

わたしはこの話を聞きながら、

「これは子どもたちにも共通していえることではないか」

と考えていました。つまり問題に直面したとき、自分のもっている言葉、知識、技術をフルに使えばいいのではないか、ということなのです。

たとえば、ナガイ先生の保育記録にあった、七夕の竹を切ったときの出来事で、次のような内容です。

切った竹を数人の子どもたちと一緒に押さえて持っていると、Sくんがガラスのコップに水を汲んで持ってきた。「ああ、この長い竹をこの小さなコップに差そうとしているのだな」ということがピンとこず、数秒かかったとのこと。しかし、子どもたちはごく自然に、その竹の根元をつかんで水の入ったコップの中に入れようとしていたそうです。

しかし、この竹にこのコップではつり合わず、すぐひっくり返りそうになってしまうことに気づき、そこで考えたのがセロテープを使ってコップと竹をつなげて固定することでした。ところが、竹だけに巻きつけたり、コップだけに貼り付けていた子が何人かいたそうです。

四～五月のころは、セロテープ台から〝ビーッ〟と長く伸ばすことだけがおもしろかった年少の『とまと組』の子どもたちも、目的を持って、長さも工夫して使えるようになってきたなと思いながら眺めていました。

しかし、コップにセロテープで竹を固定することは、やはり無理でした。

そのとき、

「バンドエイドでやってみよう」

そう言って、薬箱を持ってきたのはYくんでした。

三歳児にとって「竹を立てる」ということに関して、コップとセロテープとバンドエイドが選ばれたのです。それは彼らが身近によく使っており、よくお世話になっており、「これならきっと何とかなるかもしれない」と思ったから、この三つがすぐ出てきたのでしょう。これがあの子たちの精一杯の知恵だったのかもしれません。四～

五歳児でしたら、三歳児にくらべ生活体験が多くなってきているので、ほかの方法が浮かんだことでしょう。

また、こんなこともありました。

子どもたちが使うために用意してあるカメラが故障し、フィルム送りができず、シャッターがおりなくなってしまったところ、五歳の子が、

「トンカチでやってみる」

と言いだしました。

ある部分を無理にたたいて、結果的には直してしまうことになるのですが、ふだん使っている道具の中で、ハサミよりもセロテープやガムテープよりも、この子にとっては〝トンカチ〟が精一杯高度な道具であって、「トンカチさま」だったのでしょう。

自分が獲得しているもの、知っていることを、数は少なくてもよいから、三歳児は三歳児の範囲で、四歳児は四歳児の範囲で十分に使って生かすこと。それが自然な発達であり、また本当の知恵となっていくのだと思います。

このいくつかの出来事や話を通して、大人も子どもも学んでいく姿勢においては共通する点も多くあるのではないかと感じました。

追記：孫のMは、バードセイバーを描くとき、こわい鳥にトンカチを持たせました。しかし、鳥にはトンカチの威力は通用しません。でも、自分にとっては憧れのトンカチ、大きな鳥たちもこれなら怖がるだろうと思ったのでしょう。自分の知っていることを精一杯使っている、これもその一例でしょう。

見つめる目こそ科学の芽

焼き芋の時のこと、五歳児のAくんは一本の枯れ枝を使って黙々と火の中をかきまわしては、その棒をそばにあるバケツの水の中に突っ込んで、その水にぬれた部分をじっと見ることをくり返していました。子どもたちがよくやることなので、わたしもあまり気にもとめず、「燃えたところがジュッとすることでも楽しんでいるのでしょ」くらいに思っていました。

ところが、Aくんは驚くべき発見をしていたのです。

「先生、ここんところは水につけてもぬれないよ。乾いているよ」

「どれどれ。あらっ、本当！」

確かに、灰がついているところは水をはじいてしまうのです。

「うんとねー、あの白いの（灰）がついているとぬれないんだよー」
「どうしてかな？」

本当になぜなんでしょう。〝灰〟にこのような力があったとは……。

日常の中で子どもたちはいろいろなものに出会って、見つめています。子どもにとっての「ものを見つめる」ということは、たんに二つの目でうわべだけを見ることではなく、見て、触って、においを嗅ぎ、時には舌先でなめて味を確かめ、「あの時のあれと同じだね」などと、過去の経験と関連づけたり、「このおいも、なんだかオットセイみたいだネ」とイメージしてみたり、「なぜだろう、どうなっているのかな？」と考えたり、いろいろな意味が含まれているのです。

子どもたちに「自分の目で見つめる余裕」というものをたっぷり与えてあげることは、世の中がどんなに忙しく、スピードが重んじられるような時代であっても、無視してはいけないことです。大人が見守る心の余裕がなく、さえぎってしまうことで失われてしまうことがたくさんあるように思われるのです。Aくんの真剣な〝眼差し〟に出会ってそんなことを感じました。

不思議発見

少なくなりつつある自然と子どもたちをどうかかわらせていくか……。一つの課題です。今年の秋も子どもたちはお芋掘りから焼き芋へ。話題は豊富です。

「葉っぱはぬれてちゃ燃えないよ！」

「いっぺんに葉っぱかけちゃうと火が消えちゃうから、パラパラとふりかけのようにね」

「〝パリン〟とよく折れる枝はよく燃えるんだ」

「火が消えそうになったらこうすればいいんだよ！」

「落ち葉の中ってとってもあったかいの。こたつみたい」

「この枯れた葉っぱ、ウサギがよく食べる！」

「ウサギが食べるとパリパリ音がするね」

「渋い柿を干しておくと甘くなるんだよ！　大掃除が終わったらもうすぐ食べられるね」

「だけど皮をむいていたときは渋かったけど」

「とまと組のKちゃんはガブリとかんで変な顔をしてた」

「どうして甘くなるんだろうね」……。

きのこ組の子どもたちとカオリ先生とで数えたら三〇〇個と少しあったんですって。待ち切れなかったのか、噛み跡のある柿が三つ見つかりました。

四月のタケノコ掘りから始まった竹のこ村の活動は、一一月のロープを使った迷路づくりと、古シーツのテント（というかアジト）づくり、年長児たちの枯れている竹での楽器づくりへと発展していきました。ノコギリでちょうどよい長さに切るのは、竹がかたくてむずかしかったようです。枯れた竹は青竹にくらべ、本当にかたいのです。

「ここのところ（竹の節）はかたくてなかなか切れないんだよ！」

「太い竹と細い竹はたたくと音が違うね」

「水を入れたのと入れないのも音が違う」……。

さまざまな発見をしながら〝楽器〟ができ上がったようです。

木も枯れ葉も、そして土も水も火も風も、子どもたちにさまざまな〝不思議〟と〝発見〟を与えてくれる身近で大きな存在です。

そんなの答えられないよ！

先日のお別れ遠足のバスの中で、ガイドさんが、

「みなさん、幼稚園でなに教わっているの？　お遊戯かな、お歌かな、お絵描きかなー？」

との質問に〝シーン〟となってしまった子どもたち。しばらくして、

「そんなむずかしい質問、答えられないよ！」

と、思わず立ち上がったKくん。やがて、

「泥んこやってる」

「泥粘土もやってる」

「トンカチもやってるかな？」……。

と顔を見合わせる何人かの子。
「〇〇教わってる」と「〇〇やってる」という表現では大きな違いだと思います。教えてもらって、それを覚えることだけに喜びを感じる人にはなって欲しくありません。自分の力で何かをつかめる人、自分の言葉で語れる人に、やがてはなって欲しいと思います。

園での生活、たとえば動物の世話をしたり、野菜を育てたり、木や砂など使って何かをつくり上げていく遊びなど、大人の目から見ると、今は本当につたない活動に見えるところもあるかもしれませんが、子どもたちは今ある力と知恵をもって、懸命になって〝遊び〟に取り組んでいるのです。その中で育つものが、それが大人になっても消えないで、ずっと続いていく何かの〝芽〟ではないでしょうか？

子どもたちも、園での〝生活〟を何と言って表現していいのか、言葉が見つからなかったのでしょう。「何かを教えてもらっているのではない。自分たちが中心となって生活しているのだ」ということを、子どもたちも実感しているのかもしれません。

Kくん、そして「何を教わっているの？」に答えることのできなかった子どもたち。
「さすがー」とうれしさとともに、何となく〝ホッ〟とした出来事でした。

伝える、応える

Aくんが園に出入りしているわが家のネコの〝カル〟に走り寄り、小さな指の先をピンと伸ばして、その背中を首からしっぽのほうへとそっとなでながら母親のほうを見つめ、「ぼくこのネコさわれた。ぼくがさわってもおとなしくしているよ。フワーとしていい気持ちだね」と伝えているような眼差しを送っています。その眼差しに対して〝ニッコリ〟うなずいて応えていたAくんの母親……。

初めての世界に飛び込んだようにキョロキョロと園内のあちらこちらに興味を示し、手で触れてみているAくんの姿をよく見かけます。時にはウサギの頭を〝ギュッ〟と押えつけて、葉っぱを食べさせようとしたり、大人の目からは行き過ぎるようなこともありますが……。

この光景を見ていて、「ああ、これは母親が日ごろAくんの言いたいことや興味あることを受けとめていらっしゃるのだな。だからAくんは自分の思ったこと、感じたことを相手に伝えようという心が育っているのではないかな」と思いました。

砂場でも、よく子どもたちは、

「先生、ケーキもうすぐできるから食べにきてね」

「プリンなの、どうぞ」

「コーヒーですよ」

と、同じことを何回も何回もくり返したり、「どうぞ」と言葉にできない子は、器に入れた〝ごちそう〟を手にして、こちらが気づいてくれるまでそばにじっと立っていることもあります。

自分の気持ちを何らかの形で相手に伝える。そして相手（時には子ども同士）がそれに応えてくれる。初めは、Aくんとネコとの光景、また砂場での〝ごちそう〟などの、とても細やかなやりとりであるかもしれませんが……。そんな〝やりとり〟を大人が大切に受けとめてあげることの積み重ねのなかで、子どもたちの生き生きした心が育っていくのではないかと思います。

遊びの中から見通しを立てる

年少のとまと組の子が三人で手押し車の中に、思い思いの容器に土でにごった水を汲んでは一心になってこぼし入れています。手押し車の中の水はすでにいっぱいで、今にも角からあふれ出そうです。

「この三人の子たちは何のために水を入れているのだろうか？　いっぱいになったらどこかに運んで行くのだろうか」……。

子どもたちの様子を見つめ、そんなことを考えていると、元『とまと組』であった年中児のAくんがそばを通りすがりに、三人に向かって、

「これ以上入れるとこぼれるぞ！」

と言いました。三人は何のことを言われているのかわからないという表情でしたが、

また手を動かし始めました。

案の定、手押し車の角から水がこぼれ出し始めています。この三人にとって今はただ容器に水をすくい入れ、〝ジャー〟っと手押し車の中に入れるということだけに興味があるのかもしれません。

Aくんだって昨年の今ごろはこうした遊びをたくさんしていたはずです。

Aくんが「これ以上水を入れるとこぼれる」という見通しが持てるようになったということは、そして年下の友だちのやっていることに対してハッキリと口に出して言ってあげられるようになったということは、容器に砂や土や水を入れたり出したりする素朴な遊びから始まって、成長するにつれて遊び方も変化するなかで身につけた知恵なのでしょう。そして四歳児としての自信なのでしょう。

やはり三歳児の話です。

いつもの三歳児ですと、川筋に水があふれると〝バシャバシャ〟とハネを返しながら、川の中を走ったり、水の先端が先へ先へと走っていくとそれを追いかけていたのですが、ある日、何人もの子が水の流れの先回りをして、「ここへ流れてきそうだな」

と思われるところに水を溜めようとして、そこをシャベルで掘るという光景に出合いました。

これもやはり、この子たちが頭の中で〝見通し〟を立てることができるようになったことを、わたしに教えてくれる行動でした。これは将来へと、その子の力としてつながっていくものです。

それにしてもAくん、小さなお友だちに教えてあげられるなんて、年中児としての余裕が出てきたな。

「いいぞ、その調子！」……。

これ、おちゅゆ？

先日、ある研修会に出席したときのことでした。

何かに向かって「一生懸命に考えているな」と感じられる発言をしている、保育園に勤めて一年目という方と同席しました。

しばらくして、

「どこかで見たような顔、もしかしたら？」

と思い始めました。

記憶をたどると、やはり中瀬幼稚園の第四回目の卒園生、たけしくんだったのです。

たけしくん、わたしの顔を覚えていたらしく、

「もしかしたら中瀬の……？」

と近寄ってきました。そうとわかると、

「先生、まだアレありますか？　手でグルグル回しながら動くアレ。ぼく、アレに乗るの楽しかったなー、なつかしいなー」

「ありますよ。もうボロボロになってしまったけど、捨てがたくて……」

「アレ」ってオモチャの家の前で、子どもたちが砂や水や摘んだ草花の入った入れものを置いて仕切りに使われている、もう動かなくなってしまった鉄でできているアレです。

アレ（じつは〝車〟だったのですが）が、たけしくんの心の中にピカピカでまだ動いていたなんて驚きました。

どのような経緯で保育園に勤めるようになったのかは聞きませんでしたが、目を輝かせ、「あのクルマ……」と、すぐ口にできるということを思うと、とても楽しかったのでしょう。そして、ほかにも強い印象の残る幼児期だったのかもしれません。

そのようなことがあった翌日、園庭で『とまと組』のAくんが草むらにしゃがみ込んで、草についた朝露をじっと見つめていました。

「何してるの？」

と近づくと、その露を指さして、

「これ、おちゅゆ?」……。

指先で少し触れるとこぼれ落ちてしまうキラキラ光る銀のしずくを、不思議そうな深い視線で見つめ、イチゴの葉についた露、オシロイ草の葉についた露を、次から次へと指さしては、

「これ、おちゅゆ?」

をくり返します。自分にもそんな経験があったな、と思いました。

サトイモの葉においた、コロコロころがる丸い朝露をいたずらしては、「どうしてこんな銀色に光っているのかな?」「どうしてビシャビシャにならず、バラバラになってもすぐに集まって丸くなるのかな?」とボンヤリ考えていたように思います。

しかし、子どものころ見た露はもっときれいな銀色だったように思われます。いま見るサトイモの露は、なぜか少し銀色が薄くなって見えます。不思議ですね。でも目をつむると、サトイモの露はやはり鮮やかな銀色なのです。

また、ヒグラシ*（蜩）が木の低いところにとまって、早朝に脱けかえる様子を見つめたこと、出てきたばかりのときは羽が少し縮れて薄い緑色をしていたこと、「脱け

かえるときは決して触っちゃいけないよ」という祖父の言葉、脱けかえって少し経つと幹の向こう側へと移動し始め、やがて飛び立っていった様子を、何か「とてもいいものを見ちゃった」という気持ちで眺めたことなどありました。

断片的なものであるかもしれませんが、みな幼い時の印象を心の奥にしまって毎日を過ごしているのだと思います。Aくんの「おちゅゆ」も、ずっと心の中で光っていくのかもしれません。

子どもたちは今まさに、このような経験を心の中にとり込んでいる時なのです。子どもたちがこの夏休みに、成長したあとも「何か印象に残るような出来事」に出会えればと思います。そのようなものは、遠くのほうへ出かけていかなくても、身近なところにたくさんあるのかもしれません。Aくんの言葉が、わたしに改めてこのようなことを考えさせてくれました。

＊ヒグラシ：セミの一種。カナカナゼミとも。体長約五センチ。夏から秋にかけ、夜明けや日暮れに、高く美しい声で〝カナカナ〟と鳴く。
「夕影に来鳴く蜩　ここだくも　日ごとに聞けど　飽かぬ声かも」（万葉集）

先輩の威厳？

お弁当を食べたあとも「続きをするのだ」と言って、年長組のTくんが泥粘土コーナーのところへやってきました。Tくんのつくっているのは、前足を上げて立ち上がっているその体といい、しっぽといい、全体に角《つの》のようなものがびっしりとついている〝トゲトゲ怪獣〟。

そこへ二～三人のとまと組の子どもたちがやってきました。

「あっ！　粘土がある」と言ってすぐに手を出したいところでしたが、大きいおにいさんがいるので、ためらいがちに泥粘土に手を伸ばします。

おにいさんは何も言わないので、安心したかのように粘土遊びを始めました。やがて半数近くのとまと組の子が、おにいさんの周囲に集まってきました。

泥粘土を指先でつついている子、指で穴をいっぱいあけている子、水をかけてツルツルした感触を楽しんでいる子……。そのなかで「三歳児なのに、もうこのようなことができるのかしら?」と思われるようなことをしていたのはAくんとBくん。自分の前の粘土のかたまりに、おにいさんのつくっているような角《つの》をつくって付けようとがんばっていました。また角をつくっておにいさんに渡しているCくん。お手伝いをしているつもりなのでしょう。

小さな子にとって、〝年長児〟の存在って大きいのですね。怖いような、尊敬したいような、尊敬したいから真似たいような……。自分より上の子に刺激され学ぶものも、また年長児が小さい子によって育てられるものも、多くあると思います。

たとえば、木工室で年中児が、年長児のクギを打つ手もとを見つめたり、ノコギリを使うのをじっと見守っているうちに思わず手を貸してしまい、年長児は自分が注目されることで張り切ってしまい、思わぬ力を発揮してしまったりします。

おにいさんの威厳(?)に圧倒されたのか、場所の取り合いもせず(できず?)、大きな声も出さず(出せず?)、視線をチラチラとTくんの手もとのほうへと向けながら、黙々と泥粘土に取り組んでいた三歳児のひとコマでした。

お花さん、ごはんこぼしちゃった

「ニワトリさん夜寝るとき寒いかもしれないから、おふとんつくってあげようかな」

そう言って落ち葉を抱えてはニワトリ小屋の中に入れていたMちゃん。山のように積もうとして、何度運んでもニワトリにすさまじい勢いで蹴散らされてしまいました。

「ニワトリさんこうやってかきまわしちゃうのよね」……。

ニワトリは夜寝るとき、地面の上で寝るのではなく、高い止まり木にとまって寝ます。しかし、そこまでは知らないMちゃんの、ニワトリへの精一杯の気持ちだったのでしょう。

このような光景にはときどき出会います。

ある日、年少のとまと組の二〜三人の子が、わたしが年長児たちと植え残した葉ボ

タンを植えているのを見ていましたが、土に混ぜた白い粒の肥料を見て、

「なーに、これ?」

「これね、お花のごはんよ。これあげると元気になるの」

「フーン、こんなところにこぼれているよ」

そう言って、一粒、二粒と拾っては葉ボタンに食べさせるように、葉の上に置いていました。


この子たちにとって「ごはんはお口に入れるもの」だから、お花のごはんもお口に入れるものだと思い、赤い葉の真ん中に食べさせていたのでしょう。子どもにとってけっして、「ごはん」という名の肥料は根もと(足もと)に置くものではないのです。自分もそうだから、お花もそうなのです。


だいぶ以前のことでしたが、こんなこともありました。年長の女の子です。

「カタツムリにお水あげてね」と頼んでからしばらくして、飼育箱の中を見ると、オママゴトの小さな容器にお水が入って置かれてありました。わたしが「お水は土や葉っぱにかけるのよ」と、ていねいに教えなかったからかもしれませんが、自分もお

水を飲むときはコップで飲むから「カタツムリさんもコップでお水を飲む」と思ったのでしょう。

相手が、どうしてもらったら一番よいのかということを（まだ科学的にはわからないので）自分がそうだから、葉ボタンも、カタツムリも、ニワトリも当然そうされることがうれしいのではないかと考えている子どもたち。

間もなく少し科学的にものごとを考えるときがくるまで、葉ボタンの肥料は葉っぱの上に、ニワトリのお布団は地面の上に、という日がつづくのでしょう。

科学的に知らなくても、

「ニワトリさん、夜寝るとき寒いでしょうね」

「お花さん、ごはんこぼしちゃったから食べさせてあげなくちゃネ」……。

そのことに気づく気持ちが、いまは大切なのですね。

ヘェー、ニワトリ飼ってるの!?

子どもたちの言葉を聞いていると、「おもしろいことに気づくな」と思うと同時に、「なぜそんなことに気づいたのかな?」と、その背景を考えることがよくあります。

竹の子村には、タケノコとして地面に顔を出したとき、何らかの〝事件〟が起き、竹として成長したあともなお、幹がつぶれて曲がっている〝おかしな竹〟があります。

その竹を取り囲んで、年少のとまと組の子どもたちが何やら議論していました。

そして、「どうしてこのような竹になったか」の結論は、

「石投げてつぶしたんだー」

というひと言でした。

彼らはつい先日、ガラスに石を投げつけ、割ってしまったことがありました。彼ら

にとって、つぶす・壊すという〝破壊行為〟はすべて「石を投げる」ことなのだという、三歳児としての知恵を身をもって獲得したのでしょう。また、その時のことが記憶に新しかったためかもしれません。

もう少し成長すると、直す道具としても、壊す道具としても、カナヅチやノコギリが仲間入りするようになります。数年前、子どもたちがいつも使っているカメラの「シャッターが動かない」と言って、カナヅチを持ってきた子がいたのには驚かされました。その子にとっては、いつも使っているカナヅチで直すということが、精一杯の知恵だったのでしょう。

また、年長のきのこ組の〝劇あそび〟の中で、子どもたちのアイディアっておもしろいと思ったのは、オオカミが小麦粉を手足につけて「おかあさんですよ！」というとき、白いビニールの袋を使ったことでした。

家庭から集めたこのビニール袋は、汚れた洋服を入れたり、水や集めた花や石や木の実を入れたりと、子どもたちにはなくてはならない袋なのです。だから、オオカミの手をどうやって白くしようかと思ったとき、すぐにこの袋のことが頭に浮かんだのでしょう。

自分が体験したことを手がかりとして、その子の発想が生まれるのだと思います。だから、子どもたちが生活の中でいろいろなものと〝どのようにかかわってきたか〟ということが大切なことになるのでしょう。

年長児のお別れ遠足で、マヨネーズ工場の「自動たまご割り機」を見ていた時のことでした。案内のおねえさんが、

「たまごのカラも捨てないで使うのよ。何に使うのでしょう?」

「………」

「ニワトリに食べさせるんです!」

「へェー、ニワトリ飼ってるのー?」

とびっくりしていたAくん。ニワトリが大好きで、ニワトリが卵を産んでいると、「早くとらなくちゃ」といつも心配していたAくんは、この工場の中で、もしかしたら「おねえさんがニワトリを飼っているのー?」と思ったのかもしれません。ニワトリを飼う、そしてまたとても関心がある、ということがなかったら、あの時のような大きな声は出なかったでしょう。

工場を出て吉祥寺の井の頭《かしら》公園へ向かう林の中で、二又の枝を見つけ、

「これ、柿をとるのにいいね。持って帰りたいな」

とつぶやいていたBくん。やはり棒を伸ばしてやっと柿を取ろうとしたことがなかったら、「柿を取るのにいいねー」などという発想は生まれなかったかもしれません。

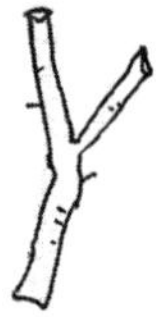

手あそびの効用

「手は突き出た脳である」と言われていますが、幼児にとってはとくに、手先を使うことなく頭の中だけでものを考えていくことはできないのではないかと思います。

ある二つの場面をお話しします。

紙を小さく一枚一枚、ていねいにハサミで切っていたAちゃん。切っているうちにチラチラと散らしたくなったのか、切ったものぜんぶを指先でしっかりとつまんで上から下へと落としたところ、ヒラヒラとうまく落ちていきました。そこでもっと切りたくなったのか、イチゴパックのケースを前に置き、この中へ切っては入れていました。

視線を真剣に自分の指先に集中させ、大人から見ると大変おぼつかなく見えましたたが、一〇本の指を、三歳児としてはとても器用に動かしていました。

「もうこれでいい。うまく雪になるぞ」と見通したのか、高い所に乗ってパッと散らすとみごとな〝雪〟になり、彼女も満足したのか、次の遊びへと移っていきました。

またあるとき、園庭に掘られた川の縁《ふち》の柔らかな土のところで、四歳児のBくんが一本の指を地面にしっかり伸ばして〝筋（溝）〟をつけていました。すると、水が自分の引いた溝の中へと流れ込んできます。

この不思議な現象（子どもたちにとってはそうなのです）に引きつけられたBくんは、何も言わずに黙ったまま何回もくり返していました。そばでわたしがじっと見ていたことにも気づかず、この自分で引いた溝の中の水の行方を見つめていました。

友だちとの関係の中で育っていくものの大切さと同時に、手先を使ってひとりでじっくりとものに働きかけながら育っていくことの大切さを感じます。

ヤッター！

秋晴れのある日、三歳児が二人、毛糸の長いヒモを輪にして〝電車ごっこ〟をしようとしているのですが、なかなか思うようにいきません。その様子を見ていた年長のMちゃんが、

「結んであげる」

と声をかけました。

しかし、年少のAちゃんは、

「セロテープ、セロテープ」

と部屋のほうへ走っていきます。

年長のMちゃんはセロテープを使って輪にするよりも、結んで輪にしたほうがいい

ということは十分に承知しているようです。しかし、小さなAちゃんが部屋のセロテープ台からテープを短く切って持ってくると、それをニッコリとして受けいれ、Aちゃんがセロテープでとめやすいように毛糸を〝×状〟にして押さえてあげていました。Aちゃんはおかげでうまく輪をつくることができたのですが、少し電車が走ると、やはりセロテープではダメでした。すると今度はMちゃんが、

「セロテープ、セロテープよ」

とAちゃんに言っていました。

三歳児のペースになって付き合ってあげていた年長のMちゃんの姿を見ていて、Mちゃんも小さな友だちに対して「こうしたほうがいいわよ」と言ってしまわずに、こんなに心を配ることができるようになったこと、「本当に成長したな」と思うとともに、わたしもMちゃんに大切なことを教えられたようでした。

またあるとき、こんなこともありました。

お帰りの前の『お集まり』の直前まで砂場で遊んでいて、ひとりで部屋に入りにくくなってしまった年中のKくん。わたしが何とか部屋に行くように誘っても動きません。

「どうするかしら?」としばらく眺めていると、クラスの友だちが四~五人、Kくんに向かって走ってきました。そしてKくんに何か言っていました。何を言っているのか聞き取れませんでしたが、友だちに囲まれ、手を引っ張られたり背中を押されながら、Kくんは照れくさそうでしたが、なんとか保育室のほうへと向かって行きました。

テラス近くまで来ると、みんなで、

「ヤッター!」

というのです。わたしも本当にみんな「ヤッタネー!」と思いました。

友だちの中で、それぞれの子どもたちの心に、同年齢であれ異年齢であれ、相手に目を向けるという〝ゆとり〟が育ってきたのでしょうか? このような光景がよく見かけられるようになりました。

秋が深まっていくとともに、子どもたちの友だち関係も日ごとに濃くなっていくように感じます。これからますます〝子ども対子ども〟の関係が深まってくるときです。またそれに伴い、自己主張の強いときにはトラブルもありますが、ひとつひとつ試行錯誤のなかにも解決し、成長していく姿を見守っていきたいと思います。

気づく力

子どもたちの〝遊び〟の様子を見ていると、もはや「○○あそび」「○○ごっこ」などという、簡単なひと言では片づけられない場面に出会うことがあります。

一一月の、ある日の出来事です。

四歳児の女の子たちがタイヤを五つ六つ積み上げて高くし、その真ん中の空洞の底に〝チャボ〟を入れてのぞき込んでいました。するとチャボが飛び出して高く舞います。そのたびに、子どもたちの中から「ワーッ！」と歓声が上がります。チャボの訓練だそうです。

近くにあるタイヤを友だち同士協力し合って、「よいしょ！」と積み上げ、徐々に高くしていくと、子どもたちの手に負えそうなタイヤはもうなくなってしまいました。

残っているのは、大人が見てもいかにも重そうなタイヤだけになってしまいました。

「どうするのかな?」と見ていると、わたしに声がかかりました。

「ヨシコ先生、手伝って!」

自分たちではとても持ち上がらないと見たのでしょう。

おもしろい遊びを考えたものだと思うと同時に、この子たちは「これは自分たちでも何とか持ち上げられそう」「これは大人の手を借りなければだめそう」と、タイヤを見ただけで、とっさにその重さなどを〝見通す力〟が育ってきたのだなと思いました。

これもやはり一一月の出来事、三歳児の遊びです。

庭の真ん中に一筋の水が流れていました。Aくんは、自分の足の間に水が流れてくるだろうと、流れの少し先、地面の低くなっている方向で足を広げて待っています。Bくんは Aくんの後ろで足を広げ、ここまで水が流れてくるだろうと待っています。Cくんは水の流れの先端ですが、地面の少し高くなっているほうで、足を広げて待っていました。Aくん、Bくんの足の間を水が流れていったのは言うまでもありません。

水の流れはだいぶスピードが落ちてしまいました。すると誰かが水の先端から「こっちのほうへ流れて」と言わんばかりに、手で浅い〝溝〟(というより筋)をつけました。水はその細い溝の中を流れます。

「こっちのほうへもっと流れてよ」というように、子どもたちはさらに溝をつくり続けます。その一方で、地面の〝高く〟なっている方向に長い溝をつける二人の子どもたちがいました。これではいくら溝をつけても水は流れません。

この様子を見ていて、個人差はあるけれど、子どもたちの中に「水はどちらに流れるか」ということに、すでに〝気づく力〟が育っていることを感じました。以前の三歳児では、水の流れはただビシャビシャと歩くものであり、砂を投げ入れたり、その底にたまった砂をすくったりなどして遊ぶ対象でした。

この二つの事例は、子どもたちの中で〝重さ〟と〝方向〟に対する感覚が「ここまで育ってきた」と思わされた場面でした。この子たちの今までの遊びの〝経験〟プラスその子の〝成長〟というものが互いに作用して、このような力が育ってきたのでしょうが、大人が教えることのできない、自分で学んだ知恵というものでしょう。

こうした経験と知恵は、きちんと座らせて「こうして、こうして、次はこうね」という安全な、子どもたちが〝受け身〟の生活の中では育ちません。子どもたちは、大人が介入しないところで、自分自身でさまざまな力を身につけていくのです。

そのためにも、子どもたちの過ごす環境は、遊びを引き出し、工夫し、考えるきっかけを与える場所である必要があるのです。

説得力

三月になると、一年間の子どもたちの絵にゆっくりと目を通すことにしています。小さな紙の上で子どもたちはたくさん遊んでいます。そして、たくさんのことを語っています。「このとき、この子楽しかったんだろうなー」「こんなところまで気づいている。やってる、やってる」と、さまざまな活動の中での心弾むような表現に出会ったとき、思わずニッコリしてしまいます。

年長の子どもたちの絵を見ていて感じたことは、地面が一本のラインで簡単に片づけられない表現が多いことです。以前にもこのような表現は見られたのですが、今またそれを強く感じます。

「地面は平らじゃないんだ。一本の線を引けばいいってもんじゃない。デコボコもあるんだよ」

という子どもたちの心が聞こえてくるようです。

畑の活動を通して、畝《うね》のデコボコを足の裏に感じたり、三～四歳児にとって、とくにそれは「ヨイショ」とまたいで越えねばならないちょっとした〝小山〟なのかもしれません。それらは視覚的に平面の紙の上に描かれてはいますが、子どもたちが「からだ全体で感じているな」ということが伝わってくるような表現です。

あるとき、こんなことがありました。

園の近くに住んでいて、竹の子村に住むカラスの声をいつも聞いているとMくんが、

「カラスはね、アーホー、アーホーって鳴くんだよ」

と言いました。するとすかさずほかの子から、

「カラスは、カア、カアだよ」……。

しかしその子は、「アーホー、アーホー」だと言って譲りませんでした。

後日、その「アーホー、アーホー」と鳴くカラスの声を聞いて、別の子が、

「ガーコー、ガーコーっていってる」

と言って指さしました。

同じ鳴き声でも、その子によって聞き方が違うようです。そういえば、日本では犬は「ワンワン」で通っていますが、ある国では「バウワウ」と聞こえるらしいですから……。

また、こんな話もあります。

タレントで司会者としても知られる楠田枝里子《くすたえりこ》さんは、小学生のころ、太陽を白く描いたそうです。担任の先生に「太陽は赤よ」と言われたそうですが、「あなたに見えたように描けばいいのよ」という母親のことばに励まされ、白い太陽を描き続けたそうです。目を凝らすと、まぶしい光の中に見える太陽は確かに白い。

ものに見入り、ものに聞き入り、そして自分の〝からだ〟を通して得たものは強い。なぜならそれは知識など足元にも及ばぬ、自分への確かな〝説得力〟を持っているからなのです。

職人の目

当園の周囲の木は、大木の手入れの専門家の方に、春と秋の年二回、枯れて折れそうな枝はないか、虫など食って危険な枝はないか、とレンジャー部隊さながらの手入れをしてもらっています。地上から空高く伸びた枝を見上げただけでも、切ったほうがよい枝がわかるのだそうです。

すごい〝職人の目〟に驚かされることがよくあります。

「あの枝は元気そうに見えるけど、中は空洞だよ」

「山鳩は繁殖期には一番かわいそうだね。ヒナが少し大きくなるとカラスにさらわれる。カラスも利口で、ヒナがまだ小さいうちは食べない。少し大きくなってからさらって食べるんだ。そんなことを見ていると木の上の仕事はあきないねー」……。

次から次へと生き生きと話すのを聞くのはいつもとても楽しいことです。「子どもたちのために」と、仕事のついでに、切った木を利用して〝アスレチック〟風のものを竹の子村につくってくれるなど、木をとても愛し、そして木のことをとてもよく知っている人たちです。園庭の砂場の近くのポプラの木もこの職人さんたちの作です。

追記：園内のケヤキ（欅）やカシ（樫）などの大きな木の手入れは、以前より飯田さんのお世話になっています。飯田さんは、皇居の森、神宮の森、永平寺、アンコールワットの手入れもなさっています。今は四代目の飯田清隆さん。平成一〇年までお世話になっていたその父上、三代目の照夫さんも豪快な方でした。皇居の森の手入れに入っていた時、木の上から昭和天皇に向かって、〝じいさん、あぶねー〟と、その方がどんなにやんごとなき方とも知らず、どなったエピソードの持ち主です。植物がお好きだった昭和天皇にとって、林業の仕事は興味のあることだったので見にいらしたのでしょう。飯田さんは侍従に叱られ、慌てて木の上から降りて謝ったということです。

打ち込む

幼児期は、知識を増やすことでもなく、訓練を受けて条件反射的に何かできるようにすることでもありません。自然の中で、いろいろな人、いろいろなものと出合って、楽しい、うれしい、悲しい、さびしい、くやしい……など、さまざまな感情を体験し、豊かに育っていくことが理想だと思います

そしてまた、遊びに〝打ち込む〟ということ、ものごとに〝熱中〟するということが、これからの人生を生きていくための力となり、楽しく生きていくことにもつながるのだと思います。また幼児期は、具体的なものを手にして、感じたり考えたりすることも大切な要素です。

死んだらまた買えばいいじゃないか！

ある日のこと、日差しが強くてウサギも暑いと思ったのか、ジョウロで水をかけたり、自分の帽子を脱いであおいだりしてあげていた年中の女の子たちがいました。

また、年長の男の子がネコの〝カル〟に水をかけたのを見て、

「カルがまたカゼをひくじゃない！」

と怒り、ぞうきんでていねいに拭いていた年中の女の子……。

花壇の中に入ってはいけないということがわかり始めた年少の子が、

「カルちゃんが入っている。いーけないんだ」

と言って、〝カル〟を花壇の中から追い出そうとしたり、

「カルちゃんのごはん」

と、ウサギのエサの葉っぱをあげたり……。

四月のころ、ウサギを乱暴に扱うので注意したら、

「死んだらまた買えばいいじゃないか！」

と言っていた年中の男の子。最近ウサギの扱い方が少し変わってきたようです。

ウサギはとても臆病な動物です。一匹だけ連れてこられ、子どもたちに囲まれると、怖がってすみっこに縮まってブルブルふるえています。それを見て「寒がっている」と思って自分の帽子をかぶせてあげた子がいました。

三歳児・四歳児たちはまだ、生きものたちに「どうしてあげたら気持ちよく、幸せになれるのか」ということがわからないようです。そうした気持ちはあっても、それをどう表現したらいいのか、その適切な方法がわからない子がたくさんいます。

また相手が自分と同じように、〝痛い〟ことや〝暑い〟ことを感じる存在であることが、まだわかっていない子もいるようです。これは友だちに対する気持ちについてにも、共通するものがあるように思います。

子どもたちと動物はつねに〝友だち〟でありたいもの。動物の世界という、自分たちとは違った世界に生きるものが、自分になついて〝心を開いて〟くれたことは、子

どもたちにとって大事件なのです。大人にとってもです。そこに至るまでには、いろいろな出来事があるでしょう。

動物との触れ合いも、友だちに対する気持ちや心の成長に微妙に影響していることを感じます。そういえば、きのこ組に舞い込んだ一羽のムクドリも、クラスのみんなの気持ちをひととき優しく結びつけたようでした。

先日の講演会の中で、昌子武司（大妻女子大学教授・臨床心理）先生が言っていました。

「おっかなびっくり手を伸ばし、『お馬ちゃんかわいいいね』だって。それじゃ本当の動物との付き合いじゃないね」

また先日、公開保育の助言を頼まれ、岐阜のある幼稚園へ出かけました。鉄筋コンクリートの立派な、広々とした明るい園舎なのですが、チャボもウサギも階段の下のせまい空間で暮らしていました。しかもその日の活動は、園では飼っていない〝ウシ〟の描画がテーマなのでした。

そしてとどめのひと言を耳にしました。

「先生、これだったら賞もらえる？」

帰りぎわ、園長室に通されました。立派な机にお座りになった園長先生の背後には「賞状」がズラッと掛けられていました。

「どこか方向が違うんじゃないの⁉」……。

白ウサギの死

七月のある日、病気がちだった白ウサギが死んでしまいました。

子どもたちは〝死〟ということについて、「かわいそう」という気持ちとともに、「死ぬってどんなことだろう」という興味もあるようです。死への興味や恐れのほうが強いかもしれません。

「生きているみたいだよー。お腹のところが柔らかいもん」

「耳が冷たくなってる！」

「ぼくたちの耳は？」

「あったかいよー」

「目と耳が白くなってる！　どうして？」

「心臓が止まったからよ。心臓が止まると赤い血が目や耳やからだのアチコチに流れていかないの」……。

わたしも気づきませんでした。生きている時は赤かった目が白く濁って、耳の内側も白くなっています。薄赤く見えていた毛細血管もいまは見えません。

Aくんはウサギのお腹に自分の耳をつけて、

「ドキドキしていない」

そう言ってから自分の胸にも手を当て、

「ドキドキしている」

と、その違いを確認していました。

年長の子どもたちは死んだウサギをタオルに包んで、落とさないように、こちらがもどかしくなるくらい〝ゆっくり〟と〝ていねい〟に竹の子村に埋めるため運びました。土がかたいので、穴を掘るの「手伝おうか」と言うと、

「いい！」……。

どうしても自分たちで掘りたいようでした。

「大きなシャベルのほうがいいかな」

とつぶやくと、いつの間にかBちゃんとCくんが大きなシャベルを持って現れました。

ふと気がついて周囲を見まわすと、数人の女の子たちの手の中にはしっかりとアジサイや、竹の子村で摘んだのか、野草の小さな花が握られていました。

Dちゃんはそのあいだ中、ずっとウサギを抱いていました。

「手が痛いよー。ウサギって死んじゃうと重くなるね」……。

ウサギに関心を持ち、可愛がっていた子どもたちは、そのぶんだけその〝死〟についても関心を持ち、心を動かすようです。身近なウサギの死ということを通して、いちばん印象に残ったことを心に刻みつけながら、それぞれの子が、それぞれの形で〝死〟というものについて考えているようでした。

追記：この園だよりは、二〇一三年度尚絅学院大学総合人間科学部子ども学科一般入学試験の問題（小論文）として使われました。ちなみに「問い」は、「園で飼育していた兎の死に対して、先生はその兎を園児たちにゆだねました。その意図や結果についてあなたの考えを六〇〇字以内で述べなさい」というものでした。

こんな暗いとこ

「あたしたち、よかったねー。こんな暗いとこ来られて」……。

年長のお当番さんといっしょに、となりにある自宅の物置の奥の暗がりへニワトリのためのワラを取りに行ったときの子どもたちの言葉です。いつも明るい園庭で遊んでいるので、そのすぐ近くにこんな見慣れない〝暗闇〟があったことが驚きだったのでしょう。

そういえばこのごろ、こんな場所あまり見かけなくなりました。少し暗くてひんやりと昔のにおいがして、何に使うのかわからない古い道具などいろいろなガラクタがあって、それを「いじって遊んだらおもしろいだろうな」という場所です。

あくまで明るく、あくまで白く、安全に配慮が行き届き、きれいにされたスペースの中でしか生活できない子どもたちは「かわいそう」だと思います。そのようなところでは〝いたずら〟ができません。子どもとしての知恵も育たないでしょう。

そうした子どもたちの要求を満たしてくれる〝場所〟のひとつだからでしょうか、子どもたちは『竹の子村』が大好きです。

「これ食べられるのよ」

と、青シソの葉や実をつまんで食べてみせると、はじめは土の上に生えている葉っぱを、そのままつまんで口の中へ入れてしまうなんて「とんでもない」という表情をしますが、すぐそのいい香りとおいしさに味をしめてしまいます。

また、洋服につく草の実を払いながら〝赤まんま〟(イヌタデ)を摘んだりする子、どこまで続いているのか調べてみようと、土をかき分けて宝ものでも掘り当てたように竹の根っこを掘ることに夢中になる子、おもしろい木の実を見つけたけれど「これは毒があるから触っちゃいけない実なのよ」と教えられる子などなど、『竹の子村』はいつも〝不思議〟に満ちています。

しかも『竹の子村』は山や穴ボコがあり、コブシやムクロジなどの珍しい木の実、フワフワした竹の枯れ葉、木の下の暗がりがあります。そんな魅力あるもので満たして子どもたちを誘っています。春にも、夏にも、秋にも、そして冬にも……。

そして手足を使って遊ぶことのおもしろさ、自分からものに働きかけて遊ぶことのおもしろさ、とても大切なことを教えてくれます。

追記：四〇〇年ほど前に、この地に祖先が住みはじめたそうです。多くの先人の手によって、タケ（竹）をはじめケヤキ（欅）、カシ（樫）、カキ（柿）、ウメ（梅）、チャ（茶）、シュロ（棕櫚）、などが植えられました。それは食糧のため、生活用品のためだったのでしょう。この、こんもりとした林は「屋敷林」といわれ、強い風から家を守るため、家の北側には常緑樹が（南西側にも）、南側には落葉樹がおもに植えられました。

くんにゃら、くんにゃら

一一月のことです。

年長の二人の女の子が中心となって、竹の子村から持ってきた朽ちて柔らかくなった太い幹を、手でほじったり、砕いていました。その中からまず小さな〝ゲジゲジ〟が三匹と、大きめの幼虫が三匹出てきました。穴から虫を掘りだすのは、えも言われぬ〝快感〟があるようです。

穴から出てきたゲジゲジは冬眠中だったようで、右往左往していました。

それを見てAくん、

「おうちはどこだ、おうちはどこだって言ってる」……。

もう一匹のゲジゲジは、だれかに何かの拍子につぶされたのか、からだの一部を地面にくっつけて上半身（?）を持ち上げ、もがいていました。少したって見ると、誰かがつまんですぐに手放したのでしょうか？　その小さな虫は一〇センチくらい離れたところにいました。まだわずかに動くので、生きているようでした。

子どもたちとその虫の様子をのぞき込んでいたわたしに気づいたYちゃんは、

「これね、ここでつぶれてね、それからこっちにあるの。Bちゃんがこっちへ持ってきたの」

と説明してくれました。

「ここでつぶれてね」という場所を見ると、少し汁がついていました。子どもたちは小さな一匹の虫を通して、いろいろなことを見つめ、考えています。

五月にはこんなこともありました。

Cちゃんは『母の日』にプレゼントする〝松葉ボタン〟の鉢を、しゃがみ込んでじっと見ていました。

「なに見ているの？」

「いま、葉っぱがゆれた！」……。

やっとでたばかりの絹糸のような松葉ボタンの芽。こんなに細い茎ならば「風に揺れることもあるのかな?」と思ってみていました。しかし芽は鉢の縁のかげになり、芽に風が当たることはなさそうです。しばらくのあいだ、二人で黙って鉢の中をのぞき込んでいました。すると確かに葉っぱが揺れています。

「ほら、Cちゃん。芽の下のところにきっと虫がいるのよ。虫が芽を動かしたんじゃない?」

わたしも芽がひとりで動くなんてあまりに不思議なことでしたので、思わず叫んでしまいました。

「いる、いる」……。

松葉ボタンの芽と同じように細い絹糸のような真っ白に透き通った虫。その虫が根元のところでうごめいているのです。本当に小さな虫です。

するとCちゃん、

「くんにゃら、くんにゃらしている」……。

これほど目の前の情景に合った表現があるでしょうか。ほかのどんな言葉もピッタリきません。「くんにゃら、くんにゃら」が、その虫の動きにピッタリと当てはまる言葉でした。

ほかの子どもたちは〝高オニ〟（高い所に登ってしまうと鬼はつかまえることが出来ないという遊び）や〝砂遊び〟とにぎやかにしていましたが、Cちゃんの心の中はそれとは別の世界で、生き生きと活動しているように見えました。

小さなものを見つめたり、疑問を持ったり、このようなことは子どもの世界ではよくあることです。しかし、自分の心にとまったことに対して、あっさり通り過ぎず、しばらく立ちどまって遊び、そして見つめ考える。その行為の積み重ねの中で、ひとりひとりが成長していくようにも思います。

ウサギ、ふるえてるね

つい先日のことです。四歳児のGくんが目の前の〝カル〟に聞こえないように、わたしの耳元へ小さな声で教えてくれました。
「ネコがね、こうやって（地面にひっくり返って）ゴロゴロするときはね、背中がかゆいときなんだよ。そしてね、だれかのまわりをグルグルまわるときはね、おはようか、こんにちはって言ってるんだよ」……。

やはり汗ばむ日、自分も暑いから〝カル〟も暑いんじゃないかと思ったのか、年長の男の子がジョウロでカルに水をかけてしまいました。カルがいやがって、からだを震わせて水をはじくと、その格好がおもしろく見えたのか、カルはビシャビシャにされてカゼをひいてしまい、それから数日間元気がなかったこともありました。

年少の子たちも〝カル〟には興味がありましたが、どこからどうやって、あの大きなからだを抱いてよいのかわからず、つかみやすいしっぽを引っ張ってカルにひっかかれたこともありました。彼らにとってカルは、いまではなくてはならないクラスの一員となっているようです。

最近、抱くには手ごろな大きさの〝チャボ〟が仲間入りしたことがきっかけとなって、子どもたちがしきりにチャボやウサギを抱きたがるようになりました。年長の女の子たちに抱かれると、居心地がよいのか動物たちもじっとしています。

先日のことです。

「ウサギふるえているね」

と声をかけると、毛をかき分けるようにしてからだをさわり、

「だいじょうぶ、あったかいから寒くない」……。

子どもたちは、ウサギが少し震えるのは寒いからではないことも、ウサギのからだは自分よりもあったかいこともよく知っています。ウサギの耳を触って「すごい熱」とびっくりしていたYくんの顔が浮かんできます。

そういえば昨年の五月のこと、ウサギがブルブル震えていて、子どもたちが、

「寒くてかわいそう」

と、自分の帽子や上着をかけていたことがありました。とても日差しの強い日でしたのでウサギは寒かったのではなく、臆病な動物なので、まだ動物の扱い方もよくわからないにぎやかな子どもたちが怖くて震えていたのかもしれません。

動物たちとの触れ合いの中で、いたずらもし、世話もしながら、相手に対して「どうしてあげたらいいかな?」ということを、ほんの少し考えられるように成長したように思います。

〝カル〟ですが、いまでは水をかけられる心配もなく、かたく丸められた紙の剣でぶたれる心配もなく、居心地のいい日だまりで、目を細めて伸びています。

直接体験

先日、お誕生日のスナップを「どうしても紫色をした花大根と一緒に撮りたい」と言って、やっと裏庭によい場所を見つけた年長のHちゃん。

「先生、ちょっと来て！」

「どうしよう、パンジーにボールがぶつかって倒れちゃった」……。

見るとパンジーが根元から横に倒れていました。

サッカーをしていたそのボールが遠くへ飛び過ぎ、〝カル〟の顔面に思い切りぶつかったとき、「ごめんね、カル」と言えたWくん。

この年長の五歳児たちも、一年前はウサギに水をかけたり、ネコのしっぽを引っぱったり、お花を摘んで放り出してしまったりしたこともありました。

しかし、小さな出来事の積み重ねの中で、いまではこんなことにも気づくようになりました。何か特別なことができるようになったというわけではありませんが、心の中が育ってきていると感じられるのです。

いまの子どもたちは〝直接体験〟が足りないといわれています。幼児のときの体験は、そのままその子の将来を決めていくひとつの要素となるのは確かだと思います。

先生、ポイしたら？

六月のある日、きのう卵からかえったばかりと思われるような、また卵から今にもかえりそうなスズメのヒナが偶然見つかりました。大人の小指の半分くらいの、とてもかわいいとは言いがたい姿をしているので、子どもたちは、初めは「かわいい」と言ってはみても、とても複雑な表情で見ていました。

それはそうでしょう。目も開かず、羽もまったくなく、赤裸の、内臓が透けて見えるお腹ばかりが大きな、子どもの表現を借りれば「トカゲのような」物体がひっくり返りながら、のたうち回っているのですから……。

そのヒナを三歳児たちに見せていたところ、今にもかえりそうな卵をうっかり落として、一人の男の子が踏みつぶしてしまいました。その子にとって、この卵は何なのか、踏みつぶすとはどういうことなのか、まだわからなかったでしょう。「何だこれ?」という好奇心からちょっと手を出してみたのだと思います。

「あらっ、かわいそうに。こんなになっちゃった」

と言うと、ひとりの女の子が、

「先生、ポイしたら?」……。

気味悪いし、泥がついてしまったから「捨てなさい」ということのようでした。

「ポイしたらかわいそう」

と言いながら見ていると、こんどは、

「バンドエイドはったら?」

「びょういん連れていったら?」……。

また、草の茎を持って、

「チュウサ(注射)」

と言って、突っつく子もいます。

やがて「ポイしたら?」といった先の女の子が、つぶれたヒナを「のせたら?」と、ハクモクレン(白木蓮)の大きな葉を一枚持ってきてくれました。友だちの会話を聞きながら、考えが変わってきたのでしょうか？　この子にとって小さなひとつの成長だと思います。

珍しいものをじっと目を凝らして、集中して見るときの子どもたちの表情というのは、目が少し寄って、口が半開きになり、黙ってしまうのですね。

年齢が低ければ低いほど、〝生きもの〟を生きものとして感じられない子が多いのは確かです。また友だちを、痛さも悲しさも楽しさも感じる〝自分と同じ〟人間として認識している子は少ないかもしれません。

三歳児、四歳児の初めの頃など、関心がある友だちに〝ガブリ〟と噛みついたり、押したり、たたいたりすることも、ときどき見かけます。うれしくなると、相手に対して、その気持ちをどう伝えてよいのかわからず、友だちをうれしそうにたたいていた子もいました。

〝砂場遊び〟が楽しくなってきたある日のこと、泥水を容器に汲んできて、一緒に遊んでいる友だちの背中にかけていたYちゃん。するとかけられたSちゃんも、それを待ってましたとばかりに〝ニコッ〟としてお返しをしていました。

日常の小さな出来事を通して、友だちや大人の言葉にも影響を受けつつ、虫や小さな動物、植物を〝生きて命あるもの〟と感じ、また友だちを、うれしさも悲しさもわかる自分と同じ〝仲間〟として、認識していくのだと思います。

スズメのヒナ三羽のうち、一羽は二晩も生き抜きました。〝いのち〟って不思議ですね。

虫の不思議な世界

五月のころのことです。

年長になって間もないころのAくん。お帰りのとき、何かあったらしく保育室へ入れません。〝気分転換を〟と思い、ちょうどテラスの際で一匹の〝アリ〟が巣穴をつくっていたので、

「ホラッ、これ!」

と声をかけて一緒に見ていたことがありました。

しばらく見ていると、小さな土のかけら（というより粒子）をひとつずつ穴の中からくわえてきては、穴から顔を出して〝ポイッ〟と外へ置いてくるのです。最初は黒い土なのですが、下へ深く掘り進むにしたがって赤土が出てきます。小さな土のかけら

をひとつずつ運んで、あんなに深い穴を力を合わせてつくるのですから、アリって本当に根気強いと思います。

Aくん、何も言わないので、わたしも黙っていたこともあって、ついつい保育室へ誘うことも忘れて、長いあいだ二人で見入ってしまいました。

大人たちにくらべて子どもたちは、目の高さが低いためもあるからでしょうか、どんな小さなアリも、そしてほかの小さな虫もよく見つけます。

そういえばアリは、身近にいる虫の中でも、とても不思議な生き物だと思います。

カタオ先生の話によると、

「毎年キュウリ畑の同じ場所にアリの巣ができているんですよ。地面の下のアリの古巣が、なにかアリだけに通じる〝におい〟とか、〝音波〟を出すんじゃないかしら。そこにいたアリをすっかりほかの場所に移してしまっても、またちゃんと巣ができているんですから」……。

アリの巣っていつも同じ場所にできます。どうしてでしょうね。

マチコ先生によると、

「土の上にアリが穴を掘りはじめるときどうするか、知ってます？　頭をギュッと地面に押しつけて、そこから巣をつくりはじめるんです」……。

わたしも知りませんでした。

つい先日のことですが、先のAくん、

「これハエグモだよ」

と言って、足に毛が生えて緑色と茶褐色をした〝クモ〟をわたしに見せてくれたので、園舎の裏のクモがたくさんいるところを教えてあげました。

すると〝本当かな？〟と思うほど、

「これ○○グモ」

「これ××グモ」

「これは毒グモだから触らないほうがいいよ」

「ぼくはクモにくわしいんだ」

そう言って、次から次へと教えてくれました。

クモは巣をつくるとき、まず一本の糸にぶらさがって、風に吹かれてとなりの木の枝などに飛び移り、みごとな編み物をするというのですが、まだその瞬間に出会ったことがありません。人間の考えた「レース編み」、あれはどうしても〝クモの巣〟からヒントをもらったと思えてなりません。数年前、目黒の庭園美術館でアンデスの古いレースを見たとき、「これ、クモが編んだのではないか」とさえ思えました。

子どもたちは虫の姿を見て、いろいろ想像することもあるのでしょう。

「これ、毒ダンゴなんだよ」……。

ハテ、毒のある〝ダンゴ虫〟っていたかしら?

年長児になると、キバチ、ミツバチ、スズメバチなど、とてもよく知っています。

毎日子どもたちに教えられることがたくさんあります。また「どうしてかしら?」と考えさせてくれることもたくさんあります。まだ答えの出ていないものもあります。

ほんの小さな虫の世界に、子どもたちはとても大きな、不思議な世界を見ているようです。

子どもたちが目を向け、耳を傾けている世界をちょっとのぞいてみてはどうでしょう。それには河合雅雄《かわいまさお》(霊長類学者)先生の『少年動物誌』(福音館書店刊、一九七六)が最適です。身近に自然がたくさんあったころの話ですが、何かとても大切なことを私たちに語りかけてくれています。

死ぬと心がなくなるの？

一〇月の雨上がりの朝のことだったと思います。門のところにカエルの死骸がありました。お腹の皮も肉もメチャメチャで、たぶんメスだったのでしょう、来年の春にはオタマジャクシになって水の中を気持ちよく泳ぐはずの卵らしきブヨブヨのものがたくさんはみ出していました。

そのカエルを埋めていると、

「わたしも手伝う」

と言って、年長の女の子が一緒に穴を掘ってくれました。

「カエル、目つぶってる。死ぬと心がなくなるの？」

「心がなくなるんじゃなくて、お空へ飛んでいくんじゃない？　お空の上で楽しいことを考えているかもしれない」

「じゃ、おいしい虫を食べることとか、雨が降ってうれしいなとか、考えているかもしれないね」……。

少しホッとした表情でした。

年長のきのこ組で、

「このカエルの卵、水の中で飼っておけばオタマジャクシになるかもしれない！」

と言い出し、水の中に入れてくれましたが、だめだったようです。

またつい先日、年少児の出来事です。

ひとりの子がテラスを歩いていたカマキリを、

「かわいい」

と言って踏みつぶしてしまい、みな集まって来てそこを取り囲みました。裏側になっているほうから汁が出ているのを見て、

「反対側も見せて！」

ひっくり返してあげると、さらに目を近づけてのぞき込んでいました。

三歳児はまだ、「かわいそうに」という気持ちよりも、初めて目にする好奇心のほ

うが強いようです。

またあるとき、鼻血を出してしまい、手当てをしてもらいに職員室へ歩いていく友だちのあとを、「だいじょうぶ?」ではなく、

「見せて～」

と言って何人もの子が追いかけていたことがありました。

しかし、この子たちもいろいろな場面に出会って、また、「そんなことしちゃかわいそうよ」などの言葉も耳にしながら、先の年長児のようなことも考えるようになっていくのだと思います。

子どもたちは動物を通して何を考えているのでしょう。そしてまた、このようなことを考えることなく大きくなってしまったとしたら……?

発達の差

一一月のある日、〝かくれんぼ〟をしていた四〜五人の子どもたちが、職員室へ隠れようとしたのか、にぎやかに入ってきました。Aくんは隠れたつもりか、ひとりベッドに座っていたところをサチコ先生に見つかってしまいました。

すると、「あっ、見つかっちゃった」と言って思わず目を〝ギュッ〟とつむったのです。これは目をつむると目の中が〝真っ暗〟になって、周囲が何も見えなくなるから、人からも見えなくなって、隠れたつもりになったのだと思います。これも自分の視点からものを考えることが強い三歳児の特徴の表れでしょう。

いまではからだもスッポリと隠さないと、隠れたことにはならないということも、どうやらわかりかけてきたようです。

やはり一一月のある日のことです。年長の女の子が一枚の小さな絵をわたしのところへ持ってきました。

A子：「これあたしなの。だけどこれは失敗。だってこっちの足が短くなっちゃった」

B子：「失敗じゃないわよ。ヨシコ先生ちょっとやってみて」

（わたしの左足を「後ろへ引くように」と言う）

B子：「ほら、短くなったでしょ！」

なるほど、B子はもうそこまで（ものを客観的にとらえるところまで）到達したのです。しかし、A子にはこのB子の説明では納得がいかなかったようです。

子どもたち一人ひとりの中には、認めてあげねばならない〝発達の差〟があります。これらは子どもたちの中の〝質〟の違う二つの場面ですが、子どもたちがどんなふうにしてものをとらえながら〝心の中〟が少しずつ変化し成長していくのか、子どもの頃のことをすっかり忘れてしまった私たちに教えてくれる一場面でした。

三歳児の絵の世界

いまは、モノに遊んでもらう、ヒトに遊んでもらうという、受け身的な生活に子どもたちが巻き込まれそうなときです。こういうときだからこそ、幼児期に手足を使って自分からものへと働きかけていくという〝遊び〟を大切にしたいものです。そのためにも段ボールや木片、紙などの素材で試行錯誤しながら遊ぶことが必要です。

子どもたちの思いのまま、その形を変えてくれる泥粘土や土や砂、水などは、子どもたちの格好の遊び相手です。そして自然の変化の中で生活することもなくてはならないことだと思います。

大人はよく、「あっ、これカメらしく描いてるわね」「あら、これうまい」という言葉をつい使ってしまいます。たしかに大人の目から見ると、ほんとうにそれらしい絵もありますし、「えーっ！　これがカメー！」と言ってしまうような絵もあるでしょう。大人の住んでいる世界と、子どもの住んでいる世界は違うと思いますし、ひとりひとり顔かたちが違うように、ものの見方、感じ方は違うのです。

「カメさんがね、こうやってね、お手々動かしてね、楽しそうに泳いでいたの」

といっている絵もあるし、

「カメの甲羅って、こんな模様してるんだよ」

と言っている絵もあります。

「サトイモの葉っぱ、人間にくらべてこんなに大きいのってヘンね」

「どうしてこの手だけこんなに大きく描いちゃったの？」

などと言いたくなるような絵を見ることもあるでしょう。ですが、子どもたちは実際の大きさを描くのではなく、心に感じる大きさを描くのです。

三歳という年齢は、四歳・五歳とはまた違ったものの見方をしているようです。ですから、絵を見て「これなーに？」と聞かないとわからないことがよくあります。紙の上がひとつの遊び場にもなります。

点をたくさん打ちながら、

「これゾウさんの足あとね」

「雨ふってるの」

「グルグル早いの。走ってるの」

などといいながらサインペンを走らせて、点と線のついた絵にむかって、あとで大人が「これなーに」と聞くのは、意味がありません。なぜなら、それはその子にとってもう終わってしまっている絵なのです。三歳児の部屋の「あたたかい絵」「カミナリさん、閉じ込めた」などというエピソードなどが、まさに三歳児の世界を言い当てているのではないでしょうか。

あったかーい

人間も動物や植物も同じで、関心を持たれることで〝育つ〟ことが大きい。大人も子どももそうです。自分の話を聞いてもらえることは、また遊びを見つめてもらえることは、自分の興味をますます深めることになるものだと思います。

かつて、ノリ・ハドルさん*はとてもていねいに、花や木に朝の〝あいさつ〟をしていました。

梅の花に、

「おはよう。とってもきれいに咲いているね」……。

大きい木の幹に手を当てて、

「がんばってるね」……。

バージニアの州花でもあるという、園の第二グラウンドにある三本の〝花みずき〟に、一本一本頭を下げて、

「よろしく」……。

小さな木に、

「頑張って大きくなってくださいね」……。

花も木も関心を持たれることによって元気になり、またきれいな花を咲かせてくれるのだと思います。高い山に咲く花は、鳥や風たちが挨拶してくれているのかもしれません。

このごろ、子どもたちの〝植物〟への関心の向け方も、少しずつ変化してきているように思います。

ホトケノザ（シソ科）の葉っぱの少し厚みのあるザラッとした感触にふれて、

「これ、あったかいね」……。

小さな白い花や水色の花を束ねて、

「おかあさんに持って帰る」

という友だちに声をかけ、

「おかあさん、よろこんでくれるといいね」……。

「先生、たいへんなの。お花がねー」

何かと思ったら、これから咲く〝ヒヤシンス〟のつぼみが取られてニワトリ小屋の中にあったとのこと。かと思えば〝ネコヤナギ〟にほおずりして、ウットリしながら、「あったかーい」……。


園庭の草花に対して、わたしにはこんな思いがあります。

「きれいだなー」と、思わず手を出して、大切にほんの少しだけ摘んでほしい。けれど、むしり取ることはしないでほしい。

花を見るのは心楽しいものです。そしてまた、子どもたちや動物や植物に対して心のこもった〝ことば〟をかけてあげることは、とても大切なことだと思います。

＊ノリ・ハドル：自称・静かな革命家。平和と環境の活動家。一九七〇年代に日本に四年滞在し『夢の島』『希望の旅』を著す。現在・アメリカの新安全保障センター〈CNNS〉代表。主な著書に『サバイバル』（サイマル出版）。

こいつバカだなあー

五歳児はネコの〝カル〟と遊ぶのが上手です。誰かに水をかけられ、ビショビショに濡れているカルを見つけ、タオルにくるんで、

「よしよし、かわいそうになあ」

と赤ちゃんのように拭いてやったり、カルが地面に背中をこすりつけるようにしてコロコロと転がっていると、痒いところに手が届くというように、気持ちよく感じそうなところをなでてやったりできる子も何人かいます。

しかし新入児たちは、カルのしっぽを持って〝ズズズ〟っと引っぱったり、蹴とばしたり、興味はあるのにどう接してよいのか迷っているような場面も見かけます。

あるとき五歳児が、上ぐつで外へ出て遊んでいた三歳児に対してこんなことを言っ

ていました。

「上ぐつで出るなんて、こいつバカだなー、このチビ！」

三歳児は何を言われているのかわからないようです。

「こいつバカだなー」と言った五歳児も、かつては〝チビ〟であったたし、上ぐつのまま園庭を走りまわったこともあったはず。しかし大人のような言葉がけはできなくても、何か自分として気づいたことを、ちいさな子に対して言ってあげられるようになったのです。


ネコの場面の五歳児も、上ぐつの場面の五歳児も、何か特別のことができるようになったというわけではありませんが、相手が動物であれ、友だちであれ、相手の存在というものに気づき、自分の力の範囲で、自分のやり方で、できることをしている姿なのでしょう。動物がいることの大切さ、そして年齢の異なる友だち関係の大切さを感じます。

自然や友だちの中にいると、いろいろな〝事件〟が子どもたちに「どうしたらよいか」を考える機会を与えてくれます。いま、子どもたちは自分のクラスの〝タケノコ〟を決めて、タケノコと〝背くらべ〟をしているのですが、クラスの目印のタケノコを、巣づくりしているカラスに突っつかれ、持っていかれたりと、どうしたらタケノコをカラスから守ることができるか、カラスと子どもたちで〝知恵くらべ〟をしています。

追記：タケノコは伸びるのが早く、一日に二〇センチも伸びることがあるそうです。ですから印をつけていくと、一日にどのくらい伸びたかよくわかるのです。

そこ間違ってるよ

先日の日曜日、ノリ・ハドルさんに西武新宿線の電車の中で『春の小川』の歌を教えていました。

「岸のすみれやれんげの花に」というところを、「岸のすみれやこぶなの群れに」と歌ってしまいました。「自分でもなんだかおかしいな?」とは思ったのですが……。

そして、こともあろうに、車内に聞こえるような大きな声だったのです。

すると、野方駅近くになったとき、ひとりの老紳士がわたしに近づき、

「そこ違いますよ、間違って教えちゃいけないよ」

「そうですよねー、私もおかしいと思ったんです。どうもありがとうございます」

「どなたか正しいの知ってますか?」

「知ってます」

「教えてあげましょう」……。

そんなことから一輛の三分の一近くで、何か子どものころを思い出したのか、楽しそうな合唱が始まってしまいました。中井駅近くへさしかかったとき、向かい側の方が尺八を取り出し吹こうとしたのですが、

「こんなところじゃちょっとね」

と言ってしまわれてしまったのが残念でした。あの間違いを教えてくれた老紳士のおおらかな、ゆったりとした笑顔が忘れられません。

みな〝ムッツリ〟として座っている都会の車内で、このような出来事が起こるなど思ってもみませんでした。ノリ・ハドルさんに言わせると「good mistake for peace」なのだそうです。

間違ったら、

「間違ってるよ」

「あっそう、じゃ教えて」

「こうするといいよ」

「ありがとう」……。

毎日の忙しさにまぎれて心の余裕を失い、何か大切な素朴なやりとりの「心地よさを忘れるな！」と、わたしに知らせてくれたようなひとときでした。

よーく耳を澄ますと、子どもたちのやりとりの中に、これと同じような〝さわやか〟な光景がたくさんあるように思います。子どもたちに教えられることがたくさんあります。

追記：ノリ・ハドル著『Butterfly』、訳をつけて図書室に置きますので、ぜひ読んでください。四月二二日の『地球の日』を記念して出版された絵本です。本人は「現代の神話」と言っています。

なんだ、こりゃ？

「水に掘らせろ！」

ひとりがシャベルで砂に穴を掘っていると、五歳児のＡくんが、

「そんなことしないで、水に掘らせろ！」……。

水の勢いで砂に「穴をあけろ」と言うのです。その穴からあふれた水が砂の表面に広がって、砂を洗うように流れると、その部分は砂がきれいになり、水も澄んできます。

「これ、宝物にしようぜ！」

そのきれいになった砂を手でつかんで、宝の山をつくっているＢくんたち……。

この遊びの水源は水道の蛇口であり、子どもたちが苦心して、水が漏れないように

つなげた〝トイ〟を伝って水がここまで流れてくるのです。そして、そのトイはテラスを横切っているので、木工室からの通り道をふさいでいます。

するとと木工室から帰る年長の女の子が、

「通れないじゃない！　こんなことしちゃって。どうしてこんなことしておもしろいのかしらねー」……。

また南側の砂場で、水を流したり穴を掘ったりに、やはり懸命になっている年中の男の子たち。そのとなりで年長の女の子が、アオギリ（青桐）の花やオシロイ花をみごとに秩序よく飾って、砂の〝チーズケーキ〟をつくっていました。

これを見た担任が、

「まあきれい。おいしそう」……。

するとこれを聞いた男の子たち、

「こっちだって、穴が深いんですよーだ！」

「自分たちのやっていることも認めて欲しいよ」

とつぶやいていました。

また、その〝チーズケーキ〟のあたりがにぎやかになっているのを聞きつけて、先

の年長の男の子が走ってきて、

「なんだ、こりゃ？」

その目つきは、「ぼくは穴を掘ったり水を流したりするほうが好きだよ。だけどこれもちょっと気になるな」と言っているように見えました。

ひとりひとりおもしろがるところは異なっていて当然であり、また女の子と男の子、めざすところが少し異なっていることにも、以前より気づいていました。

はじめは「なんだこりゃ？」が「どうしてこんなものがおもしろいの？」ということになるのでしょう。

追記：子どもたちの言動や描画を見ていますと、生まれながらに性差があることを感じます。これについてさらに詳しく知りたい方は、皆本二三江先生が書かれた『絵が語る男女の性差』（東京書籍）お読みになることをおすすめします。

だれが先にやったんだ？

三歳児のAくん。砂場の真中に誰かがつくった小さな〝水たまり〟に砂を入れては手でこねまわし、周囲に目もくれることなくそのグチャグチャ、ドロドロした感触を無心になって楽しんでいました。

ところが、同じクラスの友だち数人がすぐ近くで溝を掘りはじめ、そこに水を流す遊びを始めたため、Aくんが心地よく手を伸ばしていたそのグチャグチャ、ドロドロの場所は、ちょうどその溝の通り道になってしまいました。Aくんは自分のすぐ近くにもっと欲しかった水が流れてきたので、次にその水たまりの中に砂を入れ、自分の好きなグチャグチャ、ドロドロの場所を広げてしまいました。

「せっかく川つくっているのにAくんが埋めちゃう」

と友だちに言われ、叱られるのですが、Aくんにとっては自分がいまやっている〝おもしろい〟ことのほうが大切であり、友だちの言い分は理解できないようです。

相変わらずこねまわしながら、不服そうな顔をして友だちを見つめていましたが、少しして砂のかけ合いになってしまいました。

この様子を見ていた四歳児のHくん。

「だれが先にやったんだ?」

「水はまた流せばいいじゃないか!」……。

三歳児のAくんと友だち、そして四歳児のHくん。それぞれが言いたいことは、お互いにすぐには理解してもらえないことであり、それが〝発達〟の相違だと思います。

Aくん:「ぼくはまだ感触を楽しんであそびたい」

友だち:「それよりも、もう少し複雑なことがしたい」

Hくん:「Aくんと友だちの両方のこと、少しはわかるよ」

このような光景は子どもたちの遊びの中にたくさんあります。また〝発達の差〟ということは、成長のプロセスで解決されるものでしょう。三歳児に対して五歳児のような理解を要求することは、オタマジャクシに対してカエルのように〝跳べ〟と要求するに等しいことでしょう。

このような子どもたちのやりとりに目を向けると、「○○ちゃんいままでと少し変わってきたな」「昨日の○○ちゃんだったらこのような行動はとらないのに」と思うことに出会います。そのような成長の場面を見たとき、とてもうれしいものです。

「あわてずに、ゆっくりと、長い目で」……。

あれじゃだめだよね。

ある日、『とまと組』の子が四～五人、トイを二本組み合わせて水を流そうとしていました。一本目のトイを〝地球ジャングル〟にかけ、二本目をそれに続けようとしているのですが、つなぎ目がうまくいきません。一本目のトイから流した水を受ける二本目のトイが上になっていては、水がうまく流れません。一本目のトイは二本目のトイの上にかぶせるように置かないとだめなのです。

「つなぎ目をどう固定しようか？」

トイをつき合わせにして段差をなくすのがいいと思ったのか、トイのつなぎ目が平らになるように、その下に小さな器や木片などを置いて高さを調節したので、少しのあいだ、水はなんとか流れてくれました。

しかし、〝モグラたたきゲーム〟のようで、そこはうまくいったのはよいのですが、地球ジャングルに引っかけたトイの先端がずり落ちてしまいます。一度ずり落ちると、何もかも始めからやり直しです。

しばらくして、

「この遊びがどうなったかな?」

と見に行ってみると、あきらめる気配はありません。こんどはトイの先端を水道のホースのところへ持って行って、直接水を流していました。しかし傾斜がうまくいかず、水が逆流してしまいます。

これを見ていた五歳児のAちゃんが、

「あれじゃだめだよね。最初のところが反対だから」……。

「教えてあげたら?」

Aちゃんは、具体的にはっきりと言葉に出して言うほど確信がないのか、遠慮もあったのか、結局教えてあげることはできませんでした。しかし三歳児の遊びを心配しつつ、見ている姿にほほえましくなりました。

あてがわれたものではなく、自分の手でモノに働きかけ、モノを組み合わせ、遊びを創りだし、「これでいいかな?」「これでいいかな?」と具合を見ながら遊ぶなかで育つ感覚……。大切だと思います。

これと同じように木登りや〝竹の子村遊び〟のように、

「この枝や足場は安全かな?」

「ヒモが切れないかな?」

「枝が折れることはないかな?」

「つぎの足がかりはどこにしたらいいかな?」

という〝先を読む力〟……。これも大切だと思います。しかも、こういう遊びはより〝能動的〟な子を育てるための〝キーポイント〟の一つのような気がします。

ドキドキするよ

二人の男の子が、それぞれに土で硬くつくったおだんごを、落として割れるかどうか確かめているところでした。最初にAくんが地面から六〇センチくらいの高さから落としたところ、まん丸の端が少し崩れてしまいました。

それを見ていたBくん。この高さでは割れることに気づいたのか、グーンとその高さを下げました。地面から二〇センチくらいまで下げましたが、

「さっき砂の上に落としたら割れなかったよなっ！」……。

高さとともに地面の硬さも関係することに気づいたようです。そのとき、たき火のあとの灰の山に気づき、その上に落そうとするのですが、

「ドキドキするよ」……。

Bくん、なかなかおだんごから手を離すことができません。しだいに友だちが集まってきました。このおだんごがどうなるか興味津々《きょうみしんしん》で、視線はおだんごを見つめたまま無言です。

二人のつくったおだんごは、本当によくもこう〝ゆがみ〟もなく〝まん丸〟につくれたと、目を見張るほどまん丸で、何もかも忘れ熱中して〝おだんごづくり〟に打ち込んだことがうかがわれます。

とうとうBくんは「大切なおだんごが、もし崩れたらどうしよう」と思ったのか、灰の山にも落とせませんでした。あの硬いおだんご、もしかしたらいまごろBくんの家に大切にしまわれているのかもしれません。

またこの日は久しぶりの寒さのためか、土の山が霜柱で真っ白で、ぬかるみの水も真っ白に薄く凍ってしまいました。子どもたちは門を入ると、カバンをかけたまま白くなった山へと走っていき、春先の丈《たけ》の短い霜柱を上手に土からはがして「オニは外!」と投げ合ったり、ビニール袋の中に集めたりしていました。

ぬかるみのあちこちのくぼみにできた不透明の真っ白な氷も、九時を少し過ぎたころにはすっかり割られ、あとかたもなくなっていました。ぬかるみには小さな足跡がいっぱいで、ここですべって転んだんじゃないかと思われる跡もいくつかありました。

このような子どもたちの姿を見ると、「みんななかなかやるな！」と思います。それと同時に、硬いおだんごをつくったり、灰や霜や氷やぬかるみ、そして水たまりなど、体験できる場所が子どもたちから奪われていくのは残念、というよりも〝腹立たしい〟ような気持ちになります。

追記：この頃のことだったと思います。亀の甲羅は本当にかたいけれど、〝どのくらいじょうぶかな〟と興味があったらしく、何回か低い所から投げ落としていた子がいました。「それはいけないよ」と止めましたが、どっちが強いか、これはどのくらいの衝撃に耐えられるかという〝探究心〟は尽きることはないようです。

あっ、溶けちゃった！

四歳児の〝タケノコ掘り〟のときのことです。

「これなーに？」

「この赤いポツポツ？」

「この赤いポツポツね、ずっと伸びてねー、こんな根っこになるのよ」

「これになるのかー」

「この大きな竹がタケノコのおかあさんよ」……。

すると、わたしのうしろでこのやりとりをじっと聞いていた子が、

「おとうさんはどれなの？」……。

続いて別の子が、

「じゃ、おにいさんはこれね」

「おねえさんはこれね」

「赤ちゃんはこれね」

と、次々とそれらしいタケノコを指でさしていきます。

あとの子はタケノコの大きさで考えていたようですが、先の子は大きさだけでなく、もう少し複雑な意味も含めて「おとうさんはどれなの？」と考えたようでしたので、わたしも「どれかなー？」と言うだけで、とっさに答えが出ませんでした。

子どもたちのしていることを見、子どもたちのことばに耳を傾けていると、「あっ、この子こんなこと考えているのかな？」「こんなことしようとしているのかな？」と推しはかられる場面に出会います。


あるとき、砂の上に水をこぼし、砂にしみ込んでいく様子を見て、

「あっ、溶けちゃった！」

「あっ、また溶けちゃった！」……。

自分の力で工夫し、考え、新しい世界へと踏み出している子どもたち。子どもたち

の心の中を知ることってむずかしいと思いますが、決して見かけで判断することなく、子どもたちの考えていること、感じていることを、少しでも理解し、支えてあげたいものです。それが子どもたちの成長へとつながると思います。

虫メガネの世界

草笛を鳴らしたり、虫を捕まえて遊ぶことについて、長いことわたしは「子どものときの郷愁をそそるもの」くらいに考えていましたが、虫や花の〝習性〟にはそれ以上のものがあることを、このごろ強く感じるようになりました。そのいくつかを思いつくまま挙げてみましょう。

「タンポポ」の茎はストローのようで、茎をちぎると〝タンポポ笛〟になります。長く切って吹くと低い音が出て、短く切って吹くと高い音が出ます。裂け目ができた茎を水の中に入れるとクルッと丸まります。

「スギナ」は節になっていて、引っ張って抜いてから、また元の場所へ差し込むことができます。「どこ抜いてあるか?」と言って遊ぶこともできます。

「ヤエムグラ」はベトベトしていて、ベターと洋服にくっつきます。

「ハコベ」は茎の中に細いヒモのようなものがあって、そのヒモはちぎろうとすると、グーンと伸びてなかなか切れません。

「カラスノエンドウ」のさや（莢）で笛がつくれます。〝ぶっとい〟さやが、よく鳴るそうです。

「キウイ」のツルが伸びています。

「ツルって何かに向かって伸びているんでしょうかねぇ。だって伸びていって結局何かに巻きついちゃうんですものね」（カタオ先生のひとり言）

「キキョウ」のふくらんでいるつぼみは、つぶすと〝パチン〟と音がしてつぶれます。

「ツキミソウ」は、がくが切れて、花が開く一瞬小さな音がします。

「ホウセンカ」は熟するとわずかな刺激ではじけて、種子を四方に散らします。

「コメツキバッタ」という小さな虫（これは正式な名前ではないと思いますが）。今年は園庭にこの虫が例年より多く見かけられます。たぶん植生の関係でしょう。首の節の部分がとても強い虫らしく、裏返しにすると〝パチン〟とはねて跳び上がり、元に向き直ります。なぜこの虫にこのような〝習性〟がついたのでしょう。敵を驚かしたり、身を守ったりするためでしょうか？

この虫で遊んでいる子どもたちを見ていると、子どものころ、わたしの目の前で、そして手の中で〝パチン〟と力強くはねた感触が思い出され、この子たちもあのときのわたしと「同じ感触を体験しているのかな？」と思います。

草花や虫と遊んで、その不思議な〝仕組み〟や〝習性〟に触れておくことは、やがてものごとを不思議に思い、知ろうとする姿勢へと成長していきます。

虫メガネでのぞいた世界はとても小さい世界です。しかし不思議なものが見えそうです。

追記：ムラサキケマンの種も熟すとわずかな刺激ではじけて小さな丸が二つできます。最近気づきました。

水のほうが砂よりも強い？

再び〝水遊び〟の話です。

子どもたちは水を流すことが大好きです。とくに男の子たち、来る日も来る日も、あきもせずいろいろな方法で水を流しています。彼らの体や心の中の何がそうさせるのか……。これは、子どもたちの日々の動きがおもしろく、カメラ片手に見つめ続けてきた、わたしの〝課題〟でもあります。

年少組のAくん、最近「水は高いところから低いところへと流れていく」という科学的真理を知ったようで、二本の〝トイ〟をうまくつなげては数日来水を流し、その流れの先端がずっと流れ進んで、下水につながるU字溝のとっつきのところへたどりつくのを先まわりして待っている姿をよく見かけます。ずいぶんと先が読めるように

なったと思っていたところ、ある日、

「水をたくさん出すと（ホースから）流れが早くなるんだよ」

と言い出しました。ここまでわかるようになったとは……。ホント驚かされました。

またよく見かける光景ですが、傾斜をつけておいたトイの途中に砂をつめて、

「もう流してもいいか～」

「よし、いいぞ！」……。

呼吸の合った合図で一気に水を流すと、砂が水に押されて〝ドーッ〟と流れます。砂を〝ドーッ〟と押し流す、水のもつ〝破壊力〟のすさまじさが、彼らの心をくすぐるようです。ほんの小さな砂場の中の出来事ですが、子どもたちの心に占める大きさはそれ以上のものでしょう。子どもたちによると、砂の山を押し流す「水のほうが砂よりも強い」という考えのほうが多いようです。

「ある年齢がくれば、そのくらいわかるようになる」「ある年齢がくれば、そのくらいできるようになる」かもしれません。しかし、自分の手足で水や砂に直接触れて、冷たい水が手のひらにぶつかる感触や水を含んだ砂の〝ドロッ〟とした重みのある〝感触〟をともに知ったこと、そして、その遊びに我を忘れて没頭した時を持った

こと、この〝二つ〟がその子の今後の〝育ち〟に大きな影響を与えるように思うのです。

追記：余談ですが、子どものころ〝砂遊び〟ばかりしていたわたしの友人Iさんの弟さん。大学の卒論は全国の土を集めてその性質を調べることだったそうです。現在は建設会社で土壌を硬くするための研究をしているそうです。「まだ〝砂遊び〟やってるみたい。いろんな土混ぜて……」と、Iさん。

アッツ島、たった一人の生き残り

わたしには前を素通りできないものがいくつかあります。〝ふ菓子〟もそのひとつです。むかしは〝ふ菓子〟を〝サクランボ〟と言っていたそうです。母はこれをなつかしがり、好きなのです。

先日の日曜日も、ふと通りかかった商店街の駄菓子屋さんの店先に、〝ふ菓子〟が山積みされているのを見つけました。つい手を伸ばして、店員さんの姿の見えない奥に向かって「すみませーん」と大きな声を出したところ、ここにもまた〝かわり玉〟〝こんぺい糖〟〝おせんべい〟などが積まれている商品ケースが目につきました。

するとその向こう側から、七〇代の後半でしょうか、おじいさんが目に涙をためて〝ヌッ〟と顔を出し、

「なつかしいーお菓子だねー」……。

「わたし、これ大好きなんですよ」

「あたしはね、これ見てると泣けてくるよ。アッツ島*のたった一人の生き残りだもの。みんな玉砕よ」

そう言って、いままで座って見ていたらしい小型のテレビを指さしました。どうやら太平洋戦争の記録番組を見ていたようです。今日は一二月八日、日本のハワイ真珠湾攻撃によって太平洋戦争がはじまった日です。

「今日は開戦記念日ですね」

「もうアリューシャン小唄を歌えるのはあたしひとりよ」

そう言いながら下の入れ歯を〝フガフガ〟させて、古ぼけたカセットテープを見せてくれました。

「二十一歳で現役よ」

その後シベリア*へ抑留されたらしく、

「シベリアは零下四五度だよ。寒いなんてもんじゃなかったね。人間、精神力と体力だね。人間、明日は何があるかわからない。今はいいよ」……。

店先に小型テレビを置いていることや、あまり片づいていない奥の部屋の様子から察すると、このおじいさん〝ひとり暮らし〟かもしれないと思いました。

「おじいさん、お元気でね」

「ちょっと入っちゃってるもんだから、つまんない話聞かせちゃって悪かったね」

つらかった込み上げる思いをきっと誰かに話したかったのだと思いました。

家に帰ってかじった〝ふ菓子〟が、少し湿っていたのか〝ジギシギ〟していたのは、あのおじいさんの涙がしみ込んでいたからでしょうか?

＊アッツ島：アメリカ・アラスカ州にある島。一九四二年に日本軍が占領したが、翌四三年米軍に奪還され、山崎保代大佐以下の守備隊が玉砕・全滅した。
＊シベリア抑留：第二次大戦末期に対日参戦したソ連が、投降した日本軍兵士をシベリア・中央アジアに送り、強制労働に従事させたこと。抑留者は六四万人（満蒙開拓団員など民間人も含む。うち約三万人が朝鮮・中国人）とも言われ、劣悪な環境のもと強制労働に従事させられ、約六万二〇〇〇人の死者を出した。一九五〇年までにほとんどの抑留者が帰国した。

コンクリートで固めないでね

三学期も終わりのころになると、とくに年長児など、自分がいま感じていることを〝だどたどしく〟はありますが、彼らなりの精一杯の〝ことば〟で語ってくれるようになります。

三月はじめのことです。Aくんが急に、

「ヨシコ先生、竹の子村、行こう!」……。

ついて行くと、Aくんが前日つくったのか、フワフワの枯葉の山に寝ころんで、

「いっしょに木や空を見上げよう」

と言うのです。カサコソと暖かい枯葉の上に寝ころんで、「あの木はねー、まだ小さいころよくフクロウがきた木だから〝フクロウの木〟、あの木の葉っぱは〝いい匂

い〟」などとおしゃべりをしていると、Aくんポツリとひと言。

「木がなくなると砂漠になっちゃうんでしょ！　砂漠になるとテレビも見られなくなるし、テレビゲームもできなくなっちゃうね」……。

もっと大切なことができなくなる、というところまではわかっていないようです。まだ六歳ですから。

「土や葉っぱがなくなると、宇宙へ行くしかないね」

するとAくん、虫の喰った葉っぱをじっと見つめて、

「土がなくなるとアリかわいそうだね。ダンゴ虫はビニール袋の中に入れてゴミといっしょに飼えるけど」……。


二月の園庭での出来事です。

水の流れをせき止めてダムをつくっていたBくん。砂よりも粘り気のある土のほうがダムが崩れにくいことを知ると、その土を運んできては、

「接着剤、接着剤」

と言って、土で流れをせき止めていました。「土に水を混ぜると接着剤になる」の

だそうです。

土にもいろいろな種類があり、水を加えると変化していくことに、それもとても微妙に気づいているBくん。

「先生、お願いだから幼稚園はコンクリートで固めないでね！」

AくんやBくんのような言葉が出ることを、わたしはずっと待っていました。

先日、ある新聞に池袋の区立幼稚園の庭を舗装にすることに対して、父母たちが反対しているという記事が載っていました。また、渋谷のある花屋さんのディスプレイに土が使われていたのにはびっくりしました。かたや「土はダメ」、かたや「土を飾り」……。

多少の不便はあっても、子どもたちの働きかけで変化してくれるものとしての〝土〟は人間としての成長には欠かせないもののひとつと思います。

春雨にうるおう黒々とした春の土からは〝いのち〟を育てる力強いものを感じます。

これ、だれのだー

日ざしのまぶしい日のことです。

砂場に誰かの〝くつ〟が脱ぎ捨てられて、砂にまみれていました。年長組のAくんがそれを見つけて、

「これ、だれのだー」……。

名前が書いてあったのですぐ、

「Tくんのくつみたい。Tくん、あそこでウサギに草やってる」

と伝えると、Aくんはくつをぶら下げて、ウサギ小屋の金網に向かってしゃがんでいるTくんの後ろをウロウロしていました。どう渡してよいかわからないようです。

わたしが近づいていくとAくん、

「ここにおいとこうか?」……。

だまってくつをTくんの後ろに置こうとしました。

「Tくんのくつって教えてあげないとわからないかもしれないね」

そう言うと、Tくんの肩をちょっと突っつき、

「くつ」……。

肩の力が抜けたように大きな〝ため息〟をひとつついたAくんでした。

その翌々日のことです。元三歳児クラスだったBくん。

Kくんの赤白帽子をひろってきて、

「これKくんの帽子」……。

「Kくんは『もも組』のお友だちよ」

そう教えると、Bくんは保育室へさっさと入って行って、泣いていたKくんに渡しました。わたしが、

「Kくん帽子がなくて泣いていたんだね」

と言うと、自分のしたことが役に立ったと思ったのか、Bくんはとても満足した表情で、砂場のほうへ〝軽い足取り〟で走って行きました。

これとは反対の表情が年中組のCちゃん。新入児で、テラスを楽しそうに走りまわっているうちに、どんぐり組の窓ガラスに貼ってあったきみどり色の［〇印］が落ちているのを拾ったのはいいのですが、どんぐり組はお集まりしていましたので、どうしてよいかわかりません。

「戸が閉まっていて行かれない」

「開けて入ってもいいのよ」……。

しばらくして、

「あの 〇 渡した」

と言いに来たときは、さっきの表情とはまったく違った笑顔でした。

あの［〇印］だれに渡したのかな？

どれもとても小さな出来事ですが、思い切って何かできたとき、子どもたちって〝自信〟をつけて成長していくものだなと思いました。

マイマイをカブリ

「先生！　マイマイカブリっていうのは、マイマイ（かたつむり）を〝カブリ〟と食べるから、マイマイカブリっていうんでしょ！」

「そうかもしれないわね、Tくん」

雨が降らない日には、ハクモクレン（白木蓮）の葉に〝ヨコバエ〟があちこちに止まっています。

「あっ、バナナムシこっちにもいる！」

ヨコバエの黄色は数ある黄色の中でもタンポポや菜の花のような輝く黄色ではなく、〝バナナ〟のような落ち着いた黄色です。そのうえ形も細長く、ちょうどバナナのような形で、子どもたちは「バナナムシ」と呼んでいます。

そのヨコバエが、土の上からスッと伸びた葉に逆さに止まっていると、

「あっ、サカサムシ！」……。


「ジグモ」……。家のコンクリートの土台にくっついて、細長い袋のような巣をつくる〝クモ〟です。ある子どもたちは、このクモのことを「袋グモ」と呼んでいます。このクモは何を食べるのでしょうか？　土の中の小さな虫をつかまえて食べるのかもしれません。細長い袋の底にすんでいて、正体を見ようとして袋をひっぱってもすばやく土の中に逃げられてしまい、なかなかその姿を見ることはできません。

あるとき、年中組の二人の男の子がこの〝袋グモ〟の巣を引っぱっていました。ようやく一匹、袋の中に入ったままつかまえることができたのですが、袋の底の小さな破れ穴からクモのからだが外へ出てしまったのです。すると、

「かわいそうだよ。ごめんね」……。

また土の上に置いていました。


子どもたちは、虫の本当の名前を知らなくても、つかまえたり、いじくりまわした

り、飼ってみたりするなかで、本当の名前よりももっとふさわしい、親しみを込めたうまい名前を付けるものだと思いました。

もしかしたら、「ダンゴ虫」も「ハサミ虫」も「マイマイカブリ」も、名前の由来はTくんの発想と同じかもしれません。

そのミミズ、逃がせよ！

「おい、かわいそうだぞ。人間は勝手に生きているけど、虫は勝手に生きてるんじゃないぞ！」

年中組の子どもたちがオモチャの家の前で〝ミミズ料理〟と言って、集めたミミズをお鍋に入れ、水を入れてかきまぜていました。それを見た年長組のAくんのことばです。

「えっ、どういうことかな？」と思って、Aくんの話をゆっくり聞いたところ、人間は子どもが大人になり、やがておじいちゃんおばあちゃんになって順番に死んでいく〝寿命〟ということらしいのです。

それにくらべ、虫には寿命というものがない。虫が死ぬのは人間の手につかまって狭いところに入れられ、エサをもらえなかったり、世話してもらえなかったときに〝死ぬ〟と考えているようです。

そしてAくんによると、

「もし人間が死ななかったら増えて道路にも家をつくらなければならなくなる。虫はどんどん増えて死ぬことがなくてもだいじょうぶ。虫が虫の上に乗ったりできるから」……。

五年ほど前に生まれたばかりなのに、いろいろ考えているAくんに少し驚かされました。

このAくんとわたしの会話をすぐ近くでずっと聞いていた年長組のKくんが突然、

「ぼく、ミミズ逃がしてこよっと」……。

そう言って、腐葉土の山のところへビニール袋に入れていたミミズを逃がしに行きました。袋から出された場所が土が乾いていて、ミミズにとってはあまり居心地のいい場所ではなかったようで、ミミズたちは湿ったところを求めるようにうごめいていました。

つぎにKくんは、腐葉土の山の中腹でミミズ取りに熱中していた年中組のMくんに、

「そのミミズ、逃がせよ！」

と、命令口調で言ったのです。

突然いわれたMくんは、まだ虫を集めることだけに興味があり、その先のことはよく理解できないので、Kくんの言ったことに腹を立て、シャベルでKくんをぶってしまいました。

Aくんの言うことも、Kくんの言うことも、Mくんの気持ちも、「そうだよねぇ」と思います。でもそれがひとつの場所で起こるのですから、平和なわけがありません。このような、思わずほほ笑みたくなるようなやりとりの場面によく出会います。こうした経験を重ね、子どもたちは相手を知り、大きくなっていくのですね。

七月初旬の数日のあいだ、ツバメが園庭の水たまりに三羽、四羽と飛来し、ミミズらしきものをくわえ、飛びさる姿を見かけました。子どもたちが逃がしたミミズでしょうか？

大発見

オシロイバナ（白粉花）がまだたくさん咲いていた日のことです。

年中組のMちゃんが赤いオシロイバナを持って〝水の流れ〟にちょんちょんとつけていました。しばらくすると花を手から放し、水に浮かべ、じっと見つめていました。

「Mちゃん何したいのかな？」と気になり、近くで様子を見ていましたところ、ポツリとひとり言。

「水が深いと流れるのかなー」……。

砂場のそばの水の流れは、いつもだと誰かが上流から水を流すので、水が流れ動いているのですが、今日は水はたまっていても流れてはいません。Mちゃんオシロイバナを水に流したいようです。

「水が深いと流れるのかなー」とふたたびつぶやくと、オシロイバナを手にしてキョロキョロしていましたが、ブランコの下の水たまりを見つけ、オシロイバナを浮かべました。

「動いてる、動いてる！」……。

うれしそうな表情をしました。風が少し吹いて水面も風に揺られて動いていたので、オシロイバナも動いたようです。

本当は、水がもっと深いとものが流れるのではなく、水が流れているとものが流れるということなのですが、Mちゃんが「水が深いと流れるのかなー？」と自分で考えたということが、すばらしいことだと思います。

またこんなことがありました。

一〇月、年中組の「木工遊び」が盛んなときのことです。

年長組の「船づくり」の影響か、ひとつの木片にクギを打ったり、二つの木片をつなげては水に浮かべる姿を見かけました。

そんなある日、Kくんが、

「くっつけなくても浮かぶ、ひとつでも浮かぶ！」

と、〝大発見〟したように驚いていました。

Kくんは（ほかの子もそうだと思いますが）そのときまで、木片はクギを打ったり、二つつなげないと浮かばないと思っていたようでした。

Kくんのように、自分が考えていたことがやがて修正されることがあると思いますが、いまは自分の考えを信じて遊ぶことも、とても大切だと思います。

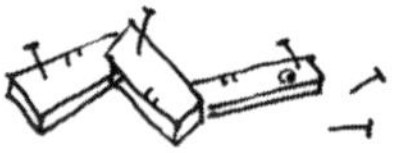

木の血

「木がゆれているから、あそこかもしれない！」

年長組のKちゃんの叫び声が聞こえてきます。

どうやら小屋から出たニワトリが見つからず、探しているところらしいのです。

「なーんだ、ヨシコ先生か」……。

わたしが茂みにしゃがみ込んでエリカの小枝をノコギリで切っていたために揺れている木を見て、ニワトリがまたいつものように根元の土を蹴散らしているため木が揺れていると、Kちゃんは思ったのでしょう。

枝を切っていると、

「ぼくにもやらせて」

と言って、年長組の男の子が二人、エリカの小枝を切りはじめました。

枝は生なので、切り口からでるクズは緑がかった薄クリーム色で湿り気を含んでいるため、かたまりになってフワフワしています。

すると二人は手でつまんで、

「これ木の血かなー」

「柔らかいから、これで綿アメつくるのかなー」……。

「えっ! 年長児でもまだこんなふうに考えているの?」そのことに少し驚きました。でも、生木をノコギリで切ったりすることは初めてかもしれないので無理もないでしょう。

わたしが切った枝を手にしているのを見てか、やはり年長組の男の子がすっかり皮がむけてツルツルになった一本の小枝を手にして、

「これ木か骨かしらべたいんだけど」……。

「ノコギリで切ってみるとわかるかもしれないね。年輪というものがあれば木で、なければ骨かもしれないねえ」

どうやら「木らしい」とわかると、スッキリした顔で友だちのほうへ走って行きま

した。

以前、長坂光彦先生が、

「幼児のときは〝手ざわり〟しながら育つことが大切なんだよ」

と言われたことが耳に残っています。このような子どもたちの姿も、そういうことなのかなと思います。

人は五官というが、私には五官の境界がはっきりしない
空は碧《あお》いという
けれども私はいう事が出来る
空はキメが細かいと

『触覚の世界』

高村光太郎の言葉ですが、どこか幼児にも通じるものがあるように思えます。ものと心が〝ピタッ〟と合ったとき、子どもたちは何かを感じ、また考えるのだと思います。それがなければチャンスはあっても、木が揺れていることとニワトリは結

びつかないでしょうし、落ちている木を見ても通り過ぎてしまうだけでしょう。このあたりをどう育てるか……。ひとつの課題です。

自ら育つ力

子どもたちは木や草、虫や動物からさまざまなことを感じとり、成長していくようです。〝竹の子村〟はその宝庫のように思います。

先日、年長組数人の男の子たちが満開の梅の花のところへ走って行き、

「おっ！　おいしい匂いがする」

「おいしいじゃないよ、たべものじゃないんだから」

「いい匂いっていうんだよ」……。

そう言いながら背伸びして、花のひとつひとつ、その〝匂い〟を嗅ぎまわっていました。

そしてひと言。

「おかあさんに持っていきたーい」……。

園の中で見つけた〝いいもの〟は、なんでも〝おかあさんに〟となってしまいます。

ムクドリが群れをなしてやって来て、竹の子村をねぐらにしていた冬場は、木の下は小さな羽やフンでいっぱいでした。たとえ鳥のフンであっても、よく見ると色も形もひとつひとつ違うのです。

何を食べたのでしょうか？　深みのあるパープルがかったものから、オレンジ色、モスグリーン、白や黒……。今年は雪が積もらなかったので見られませんでしたが、雪の上の鳥のフンのきれいなこと！　その色がまわりの雪にしみ込んで〝ジワーッ〟と広がるのです。

最近は下火になりましたが、〝ゴーゴー〟と風の吹く中を「行こうよ」と誘いにくる子どもたちと、羽を集めたり、フンを見つけたり、なんど竹の子村へ通ったことでしょう。

「木がなくなると鳥たちかわいそうだね」……。

木にとまっている小鳥たちを見て、そうつぶやいた子もいました。

竹をたたくと本当によい音がします。その太さ、節の長さにより、また叩くものによって、音が微妙に違うのです。子どもたちが音にじっと耳をすませ、音を聞き分ける力も、こんな小さなことから育まれるのではないでしょうか?

子どもたちが育つとき、自然の力にくらべれば私たち人間の力など、微々たるもののように思います。子どもたちが嬉々《きき》として遊ぶ姿を見つめながら、〝自ら育つ力〟を信じることや〝自然の恵み〟を思うこのごろです。

あとがき

「先生、今日は大変だったね」

と、Yくんが帰る前の会のとき言ってましたと、ナルミ先生から聞いたのは、保育後のことでした。

「ヨモギ団子づくり大丈夫かな?」と思いながら〝どんぐり組〟の前を通りかかったところ、「助けてー」というナルミ先生の叫び声。

子どもたちの手も彼女の手も、ヨモギと上新粉でつくったお餅がベトベトにくっつき、絡みあって、どうしたらこうなっちゃうのといった光景にびっくり!

手水をつける入れものが小さすぎ、子どもたちは指先しか濡らすことができないので、濡れていないところにくっついたお餅は手から離れてくれません。それを〝シメた〟とばかりに口にしている子もいましたが、それを注意するヒマもありません。これじゃ十二時の帰り時間に間に合わない!

「こんなちっちゃい入れものじゃだめよー。もっと大きな入れもの持ってきてー」

わたしはよーく手を洗ってから、

「ちょっと全部貸してごらん！」

と、子どもたちの手についたのも、あちこちに分かれていたお餅も全部かき集め、手離れがしてある程度いい状態になるまで、力いっぱいひっぱるようにしてこねました。

「こうするのか～」

と、子どもたちは自分の手をなめながら、わたしの手つきをじっと見つめていました。

「このくらい練っておけば、子どもたち大きなかたまりからひきちぎって、小さなお団子つくれるかもしれない」……。そう思って、三グループあるからそろそろ三つに分けなくちゃ……。すると、これまた練ったお餅を入れるお鍋がありません。

「お鍋ー　もっと大きいのー」

お鍋がなかなか到着しません。

このときSくんは遊びに使われていて、今まで何を入れたかわからないお鍋を、石けんをつけてゴシゴシと一生懸命に洗って、わたしの近くにポンと置いていたことを、不覚にもわたしは気づきませんでした。なんとかしなければと思い、とっさにとったSくんの行動に遅ればせながら拍手を送ります。

いろいろありましたが、子どもたちが小さなお団子に丸めたヨモギ団子は、少し水っぽかったけれど、新鮮なヨモギの香りがして、なんとか十二時スレスレに食べることができました。

冒頭のYくんのひと言。

「先生、今日は大変だったね」……。

これは、ぼくたちも頑張ったけど、先生も頑張ったねという、担任をねぎらう意味もあったでしょう。まだ五歳でもここまで言えるのかと思うと、Yくんの成長をうれしく思いました。

保育の中で、困ってしまったとき、何となくやり過ごしてしまうのではなく、困っている自分をさらけ出し、彼女が誠実に対応したことが、子どもとの信頼関係を今まで以上に深めたのではないかと思います。

この日、彼女に「準備が足りなかった」とはとても言えませんでした。かえってそのことが子どもたちを真剣な気持ちにさせたわけですから……。
子どもたち、これからどこかでヨモギ団子を見たとき、この日のことを思い出すでしょうか。

新緑の園庭にて

井口佳子

本書は『中瀬だより』一号（一九七九年六月九日）～八二号（一九九三年三月一七日）を底本とし、改変・加筆した。また、本文中の肩書き等は当時のままとした。

■ 著者略歴

井口 佳子（いぐち・よしこ）

中瀬幼稚園園長。東京生まれ。1968年、実践女子大学卒業。1978年、中瀬幼稚園園長就任。国立音楽大学非常勤講師、実践女子大学非常勤講師を経て、現在大妻女子大学非常勤講師を勤める。
主な著書：『幼児期を考える──ある園の生活より』（相川書房、2004年）、『幼児の描画表現──子どもの絵は子どものことば』（相川書房、2014年）、『0歳からの表現・造形』（共著、文化書房博文社、1991年）、『保育内容・表現』（共著、光生館、2009年）、その他執筆多数。

■ 中瀬幼稚園の映画

『風のなかで──むしのいのち くさのいのち もののいのち』（グループ現代、2009年）
『屋敷林の手入れと子どもたち』（グループ現代、2012年）
『子どもは風をえがく』（オフィスハル、2015年）

■ 中瀬幼稚園

〒167-0022 東京都杉並区下井草4-20-3

保育随想 1

幼稚園《ようちえん》の小《ち》さきひとびと《い》

2016年6月29日 初版第1刷発行

著　者　井口 佳子
発行者　佐々木久夫
発行所　株式会社 人間と歴史社
東京都千代田区神田小川町 2-6 〒 101-0052
電話 03-5282-7181（代）／ FAX 03-5282-7180
http://www.ningen-rekishi.co.jp
装　丁　人間と歴史社制作室
印刷所　株式会社 シナノ

ISBN 978-4-89007-203-3 C0037